有田・唐津に行ったら…

有田・唐津に着きました。

さて、なにをしましょうか？

すてきなやきものが集まる、有田や伊万里、唐津エリア。
お気に入りのうつわ探しへでかけましょう。
武雄・嬉野の温泉や唐津の名建築も見逃せません。

有田や伊万里、唐津はやきものの産地。有田と伊万里は磁器、唐津は陶器とそれぞれのやきものの魅力に出会えます。やきものの里に来たのだから、ぜひ工房を訪ねてみましょう。嬉野や武雄の温泉、唐津には名建築や景勝地も多く、おいしいグルメもありますよ。

白磁に染付や赤絵が映える有田焼。
食卓が賑わうすてきなうつわを探しに行きましょう。 ☞P.20・40・44

check list

- ☐ 有田焼のショップ＆ギャラリーへ ☞ P.20・40・44
- ☐ 伊万里・大川内山でうつわさんぽ ☞ P.22
- ☐ 唐津焼の窯元やギャラリーを訪ねます ☞ P.28・30・82
- ☐ 武雄をぐるりおさんぽ ☞ P.62
- ☐ 嬉野温泉でてくてく湯めぐり ☞ P.68
- ☐ 唐津の名所をめぐりましょう ☞ P.80
- ☐
- ☐
- ☐
- ☐

鍋島藩窯の伝統を受け継ぐ、緻密で美しいやきものと出合える伊万里・大川内山を散策しましょう。 ☞P.22

武雄温泉のシンボルである朱塗りの楼門をくぐると大衆浴場。風情を楽しめる浴場がそろっています。 ☞P.63

東京駅も手がけた辰野金吾が監修した旧唐津銀行。洋のテイストを取り入れた、"辰野式"が光る名建築です。 ☞P.80

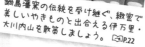

日本三大美肌の湯として女性に人気の嬉野温泉。見た目もユニークなやきものの貸切風呂もありますよ。 ☞P.68

有田・唐津に行ったら…

なにを食べましょうか？

山海の幸が豊富な有田・唐津エリア。
上質な佐賀牛や呼子のイカなどが有名です。
有田焼や伊万里焼などのうつわ使いにも注目です。

玄界灘に面した佐賀は、呼子のイカをはじめ鮮度自慢の海の幸が豊富です。A4ランク以上の上質な佐賀牛もごちそうのひとつ。有田焼や伊万里焼のうつわを使ったご当地メニューにも注目です。武雄・黒髪山周辺の美しい景色を眺めながらのランチをぜひ。

玄界灘に面した唐津は海の幸が豊富。透き通るような身が鮮度を物語るイカの活き造りが名物。⊠ P.95

check list

- ☐ 重箱御膳や伊万里牛 ハンバーグで伊万里牛を堪能 ⊠ P.52
- ☐ "お茶"を楽しむ 嬉野のカフェ ⊠ P.70
- ☐ 小粋な食事処で唐津 グルメを楽しむ ⊠ P.86
- ☐ 海と名物の イカを求めて ⊠ P.94
- ☐

伊万里には上質な伊万里牛を、伊万里焼のうつわで提供するお店もあります。⊠ P.52

毎日使うものだからこそお気に入りを探しに、作家のアトリエを訪ねてみましょう。⊠ P.28・30

なにを買いましょうか？

有田焼、唐津焼などやきものが集まる町で
じっくり吟味してお気に入りのうつわを探しましょう。
地元の食材をいかした味みやげもあります。

佐賀は、有田焼や伊万里焼、唐津焼など古くからうつわ作りが盛んなやきものの里。土味をいかした陶器や軽くて現代的なデザインも多く、多彩なうつわがそろっています。地元の特産品を使ったスイーツやうれしの茶などの味みやげも充実していますよ。

緑茶から紅茶、フレーバーティーまで、種類豊富なうれしの茶。パッケージもキュートです。⊠ P.70

check list

- ☐ 有田焼のショップ＆ギャラリーへ ⊠ P.20・40・44
- ☐ 有田らしさがつまった おいしい味みやげ ⊠ P.50
- ☐ 伊万里でおみやげ ショッピング ⊠ P.56
- ☐ お茶の里・嬉野の おいしいおみやげ ⊠ P.74
- ☐ 唐津で見つけたかわいい・ おいしいおやつ ⊠ P.90
- ☐

小さな旅の
しおり

今週末、2泊3日で有田・唐津へ

まずはやきものの里・有田でうつわ探しを楽しんだら、
名湯が湧く嬉野・武雄の湯処へ。
見どころやグルメが豊富な唐津にも立ち寄りましょう。

1日め

9:15
佐賀空港に到着しました。
空港でレンタカーを借り
たら、有田へ向かいます。

10:45
有田の内山地区をおさんぽ。磁器製
の鳥居がある**陶山神社**[2]P.18をお
参りしましょう。

11:30
有田陶磁美術館
[2]**P.39**は、明治時代
の有田焼を展示。や
きもの蔵を改装した
レトロな建物で、有田
焼を鑑賞しましょう。

13:00
ランチはギャラリー有田
[2]P.47で。有田焼のうつ
わに入った有田焼五膳は
見た目も華やかです。

有田焼の
カップに囲まれた
幻想的な空間

14:30

建築もすてきな**深川製磁
本店**[2]**P.40**へ。職人の
技が生み出すモダンなう
つわがそろいます。

17:00
嬉野へ移動して、**旅館吉
田屋**[2]**P.73**に宿泊。併設
のRestaurantCafe &
Shop kihaco [2]P.24も
楽しみです。

2日め

9:30

相川製茶舗 🗺 **P.75**でおみやげ探し。カラフルなパッケージのうれしの茶はおみやげにぴったり。

10:30

色とりどりの和紙の包装がキュート

武雄へ向かいます。夫婦岩がそびえ、迫力ある山々が見渡せる黒髪山の麓へ。**房 空路** 🗺 **P.26**のうつわは絵付けが華やかですてきです。

隠れ家的な森の中のカフェ

© Nacasa & Partners

12:00

予約しておいた**桃林** 🗺 **P.26**のカレーランチバスケット。木漏れ日の中でピクニック気分も楽しめます。

13:30

書店とカフェを併設する**武雄市図書館・歴史資料館** 🗺 **P.62**へ。ダイナミックな建築も見どころ。

書棚に囲まれた書斎のような空間

15:30

朱塗りの楼門が目印の**武雄温泉大衆浴場** 🗺 **P.63**で旅の疲れを癒やしましょう。昔ながらの湯船がそろっています。

17:00

大正浪漫の宿 京都屋 🗺 **P.66**にチェックイン。大正ロマンあふれる、アンティーク調の宿です。

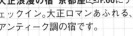

3日め

9:00
宿をチェックアウト
したら、まずは伊万里
を目指しましょう。

10:00
秘窯の里・大川内山へ。
青山窯📩**P.23・33**で手描
きが生み出す繊細で美
しいうつわにうっとり。

タレが染み込んだ
ウナギの蒲焼き

12:30
唐津の**竹屋**📩**P87**に到
着。登録有形文化財の
建物で、名物のウナギの
蒲焼きをいただきます。

13:30

15:00
Tea&Space基幸庵📩**P.84**で
ひと息いれましょう。唐津焼の
うつわで抹茶が楽しめます。

和洋が融合する邸宅、**旧高取邸**📩**P.80**で端
整な建築美を鑑賞しましょう。

16:00
GALLERY一番館📩**P.82**
でお気に入りのうつわ探し。
いろいろな作家の唐津焼の
作品が集まっています。

17:30
唐津駅でレンタカ
ーを返却したら、列
車で福岡空港へ。帰
路につきましょう。

私の旅の
しおり

プランづくりのコツ

唐津、伊万里、有田、嬉野、
武雄の5エリアをめぐる
のでレンタカーを利用し
ましょう。窯元が集まる有
田の内山地区や伊万里
の大川内山は、徒歩でも
工房めぐりが楽しめます。

1日め

佐賀空港着
↓
陶山神社をお参り
↓
有田陶磁美術館
↓
有田焼五膳のランチ
↓
モダンな有田焼を探しに
↓
嬉野の老舗旅館へお泊まり

2日め

嬉野のおみやげ店へ
↓
武雄・黒髪山のうつわ店めぐり
↓
武雄市図書館・歴史資料館
↓
武雄温泉大衆浴場
↓
風情ある宿にお泊まり

3日め

伊万里・大川内山でうつわをお買いもの
↓
唐津のウナギの名店へ
↓
旧高取邸の建築美を鑑賞
↓
うつわがすてきなカフェへ
↓
唐津焼のギャラリーでうつわ探し

my memo

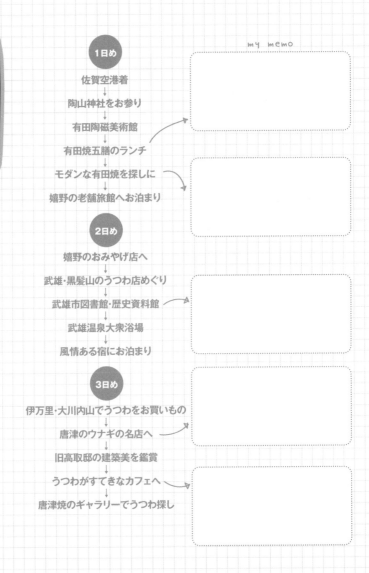

ことりっぷ co-Trip 有田・唐津 伊万里・武雄・嬉野

CONTENTS

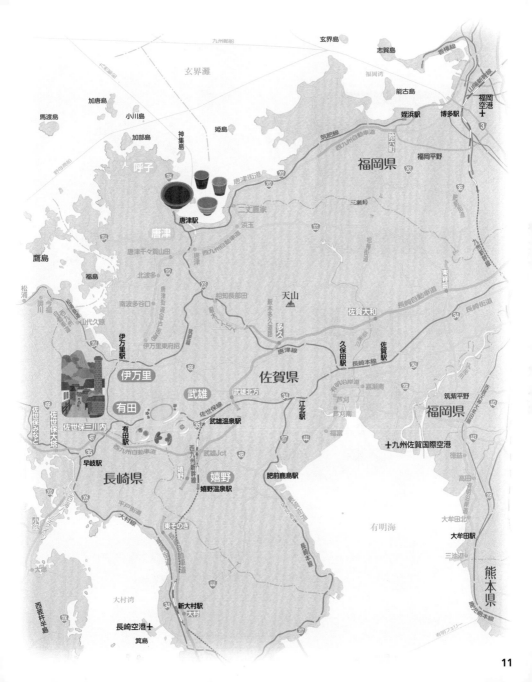

玄界灘

九州郵都

広島湾

玄界島

志賀島

香椎線

福岡空港 3

馬渡島

加唐島

小川島

姫島

能古島

姪浜駅 博多駅

福岡湾

加部島

神集島

呼子

筑肥線

拾六町

福岡県

西九州自動車道

唐津街道

福岡平野

三瀬峠

鷹島

唐津

唐津駅

二丈岳家

浜玉

松浦

福島

今福

唐津千々賀山田

西九州自動車道

唐津

筑紫野

天山

三瀬

佐賀大和

長崎自動車道

長崎街道

34

北波多

佐賀県

山代久原

南波多谷口

伊万里駅

唐津街道牟田部

唐津街道小戸之尻

伊万里東府招

唐津線

多久

久保田駅

長崎本線

佐賀駅

佐世保

伊万里

佐世保三川内

有田

武雄

武雄北方

34

江北駅

有田谷津前

嘉瀬青

筑紫平野

福岡県

佐世保大塔

佐世保線

武雄温泉駅

武雄

芦刈

芦刈南

九州佐賀国際空港

佐世保

有田駅

西九州新幹線

武雄Jct

35

嬉野

肥前鹿島駅

徳益

高田

早岐駅

長崎県

嬉野

嬉野温泉駅

高田

大牟田北

平戸街道

長崎自動車道

有明海

大牟田駅

小迎

大村湾

東そのき

大村線

三池港

熊本県

西彼杵半島

新大村駅

大村

長崎本線

長崎空港

箕島

有明フェリー

鹿児島本線

11

毎日使うものだから
丁寧な手仕事のものを

うつわは丹精込めた手仕事により生み出されています。
手にしっくりとなじむ、やわらかなフォルムと質感。
さりげなく控えめだから、おいしさを引き立ててくれる
毎日使っても飽きないうつわを探しに行きませんか。

やきものの里を訪ねて

有田と伊万里は磁器、唐津は陶器と
一度に2つのやきものの魅力にふれられる旅。
どちらも丹精込めて作られていることを知ると
やきものがもっと好きになります。
使いやすさと人の手が生む温かさを備えた
すてきなうつわを探す旅に出てみませんか。
歴史ある古い町並みや緑濃い山里に
いくつも煙突が立つ、やきものの里へ。

有田や唐津を旅してみれば
うつわが人の手で作られている
ということを実感します。
使い心地のよさを知るたびに
愛着が湧いてくるような
日常のうつわを探しに、
やきものの里へ。

やきものの里を
さくっと紹介します

佐賀には有名なやきものの産地が点在しています。
有田焼をはじめ、伊万里の鍋島焼や嬉野の肥前吉田焼、
唐津焼など、一つの旅でさまざまなやきものに出合えます。

切り立った屏風岩と煙突が独特の景観を生み出す大川内山。現在ある窯元は30軒

鍋島青磁も鍋島焼の代表的な種類のひとつ

御用窯が置かれた
大川内山へ

P.22 **伊万里**
いまり

織密な絵付の技術を受け継ぐ鍋島焼

大川内山（おおかわちやま）は、かつて鍋島藩の御用窯が置かれた場所。石畳の小道には30軒の窯元が連なる。

江戸、明治、大正、昭和と各時代の特徴的な建物が残る有田・内山地区

古い町並みが残る
日本初の磁器生産の地

P.18 **有田**
ありた

約400年前、日本で最初に磁器が焼かれた有田。歴史ある町にはたくさんの窯元やショップがある。

日本の磁器発祥の地・泉山磁石場
📷 P.39

白磁に手描きの美しい絵付けが映える、有田焼の人気窯・源右衛門窯
📷 P.42の器

エビの模様が描かれたうつわ処けいざん
📷 P.43の平鉢

加唐島
小川島
加部島
神集島

唐津

玄海町

唐津千々賀山田
北波多
福島
松浦市
南波多谷口
唐津市
山代久原
伊万里市
筑肥線東府招

相知長部田

伊万里

武雄

松浦鉄道
有田町
有田

武雄市

佐世保三川内
西九州自動車道
波佐見有田
早岐駅
波佐見町
佐世保市
長崎県
嬉野
川棚町
東彼杵町
嬉野市
大村線
平戸街道

唐津焼の名門・
中里太郎右衛門
陶房の日本庭園

唐津焼は料理を盛る、
茶を入れるなど使っ
てこそ作品が完成す
るように作られている

素朴で力強い
唐津焼のふるさと

P.30 **唐津**
からつ

桃山時代から四百余年の歴
史を受け継ぐ唐津焼。唐津
市内には約70の窯元が点在
している。

唐津湾の海辺に100万本の松が群生する景勝
地・虹の松原☞P.81

玄界灘
糸島市　福岡市

姫島

車20分

筑肥線
西九州自動車道

二丈鹿家

唐津街道

福岡県

三瀬峠

松浦鉄道

色彩鮮やかな
房 空路☞P.
26の器

いろえ工房☞P.27
からは美しい湖が見
渡せる

黒髪山の麓に
アトリエが点在する

P.26 **武雄**
たけお

雄大な眺めの黒髪山の麓に
は、うつわ作家のアトリエが
点在。陶器のみならず、磁器
の作家さんのアトリエも。

夫婦岩がそびえる、まるで水墨画のような黒髪
山の風景

唐津市

佐賀市

佐賀県

天山

佐賀大和

長崎自動車道

小城市

多久市

江北駅
大町町

久保田駅
長崎本線

江北町

桃 林☞P.26の
器は土もので温
かみがある

雄温泉駅

芦刈
芦刈南

基山SA

福富

白石町

有明海

肥前吉田焼の磁
器ブランド・
224 shop+saryo
☞P.25の器

スタイリッシュな
肥前吉田焼に注目

P.24 **嬉野**
うれしの

嬉野のやきものといえば、400
年の歴史がある肥前吉田焼。
デザインと機能性を兼ね備え
たすてきな器が見つかる。

鹿島市

泉駅

上の北 0　　　5km
1:500,000

青のグラデーショ
ンが美しい副久
製陶所のGOSU
小皿☞P.33

窯が立ち並ぶ嬉
野町吉田周辺の
町並み

有田や伊万里は、春と秋に行なわれる陶器イベントも人気があります。詳しくはP.36〜37へ。

磁器のふるさと・有田の古い町並み
内山地区をおさんぽ

約400年前に、日本で最初に磁器が焼かれた有田焼の里へ。
有田焼の発展とともに「有田千軒」といわれるほど栄えた内山地区は
有田町のメインストリート。江戸から昭和までの特徴的な建物が残ります。

有田焼が誕生した町
有田内山の町並み
ありたうちやまのまちなみ

江戸期に始まった有田焼の発展と時代の変遷により、町家や洋館建築が混在した町並みが残る。建物の多くは現在も使われているのが特徴。

町並み ☎0955-43-2121(有田観光協会) 🏠有田町内山付近 🅿あり ‼JR上有田駅から徒歩15分 MAP 99 E-2

陶祖・李参平を祀る
陶山神社
すえやまじんじゃ(とうざんじんじゃ)

神社の石段を上ると、白磁に淡いブルーで唐草模様が描かれた磁器製の美しい大鳥居がある。大水甕や狛犬、欄干なども、名工の技が光る磁器製。

神社 ☎0955-42-3310 🏠有田町大樽2-5-1 🕙境内自由 🅿あり ‼JR上有田駅から徒歩15分 MAP 99 E-3

染付や色絵付を体験
独立支援工房 赤絵座
どくりつしえんこうぼうあかえざ

有田で独立をめざす若手作家が入居している工房。入居作家の作品の購入や下絵付けの体験ができる。焼き上がった作品は、後日送付(送料別途)してくれる。

体験施設 ☎0955-41-1310 🏠有田町赤絵町1-2-18 🕙9:30～17:00 🈺不定休 💴染付2200円～ 🅿あり ‼JR上有田駅から徒歩20分 MAP 99 E-3

ぐるっと回って 3時間

おすすめの時間帯

うつわ店が軒を並べる有田内山地区。見どころが点在するのは、全長約2kmの通り沿い。歩いてめぐるには距離があるので、有田町内に3か所あるレンタサイクルか車を利用するのがおすすめ。

陶祖・李参平って?

朝鮮出身の陶工で、江戸初期に有田町の泉山磁石場➡P.39で磁器の原料となる陶石を発見。日本の磁器産業の基礎を築きました。

8 **9** **10** **11** **12** **13**

① 陶山神社の白磁に染付が映える鳥居は有田のシンボル ② 陶山神社の狛犬も磁器製 ③ 陶山神社の前の踏切には遮断機がない ④ 伝統的建造物が連なる有田内山の町並み ⑤⑥好みのうつわを選び、呉須(ごす)での絵付け体験ができる独立支援工房 赤絵座 ⑦ 通りにはうつわ店が軒を連ねる ⑧ 李参平の碑から見る有田の町 ⑨⑩磁器製の陶山神社のお守り ⑪ 11月下旬、秋の有田陶磁器まつりの頃に大公孫樹の紅葉が見ごろを迎える ⑫⑬ トンバイ塀や陶片で彩られた民家の軒先に有田らしい風景が見られる

有田町内山地区の伝統的建造物って?

江戸時代に設けられた上の番所(泉山)から下の番所(岩谷川内)までの約2Kmにわたる地区。漆喰塗りの町屋や洋館など、江戸・明治・大正・昭和の特徴的な建物が混在しています。

やきものの里を訪ねて／内山地区をおさんぽ

塀が連なる有田らしい風景
トンバイ塀のある裏通り
トンバイべいのあるうらどおり

登り窯を築くために用いた耐火レンガの廃材(トンバイ)を赤土で塗り固めて作った塀。大公孫樹から有田陶磁美術館までの裏通りに多く見られる。

通り ☎0955-43-2121 (有田観光協会) ⛩有田町上幸平 🕐見学自由 🅿なし 🚶JR上有田駅から徒歩10分 MAP 99 E-2

樹齢約1000年の巨木
大公孫樹
おおいちょう

泉山弁財天神社の境内にある高さ約30.5mを誇るイチョウの巨木。11月中旬~下旬頃は葉が鮮やかに色づき、あたり一面が黄色の絨毯になる。

名木 ☎0955-43-2121 (有田観光協会) ⛩有田町泉山1-13 🕐見学自由 🅿あり 🚶JR上有田駅から徒歩10分 MAP 99 F-2

小高い山の頂上に立つ
李参平の碑
りさんぺいのひ

日本で初めて磁器を焼いたとされる陶祖・李参平の記念碑。陶山神社の駐車場から山道と階段を上った山頂にあり、有田の町並みが一望できる。

ビュースポット ☎0955-43-2121 (有田観光協会) ⛩有田町大樽2-5-1 🕐見学自由 🅿あり (陶山神社) 🚶JR上有田駅から徒歩30分 MAP 99 E-3

大晦日の夜、陶山神社では有田碗灯を開催。参道には磁器でできた約1000個の灯明が並びます。

モダンと工芸がみごとに調和する 有田焼のギャラリー＆ショップへ

モダンなデザインと使い心地のよさを兼ねたすてきな器は、
有田に受け継がれる職人技によって生み出されています。
わざわざ訪れたい、3つのギャラリー＆ショップを紹介します。

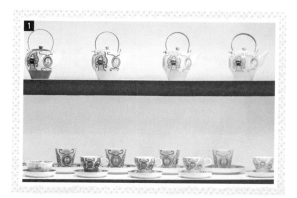

■3 2種類のケーキとアイスに好みのドリンクが選べるケーキ・ドリンクセット1320円 ■4 やきもの工場の建物を再利用。梁がむき出しの天井などに当時の面影が残る ■5 タイル壁や2階窓の手すりのデザインなど昭和レトロな雰囲気が漂う

■1 日本の四季をイメージした「JAPANシリーズ」。SNOW、EARTH、AUTUMN、BLUE、TEA、CHERRYの6色展開 ■2 飽きのこないモダンなデザインで、和にも洋にもしっくりなじむ「STANDARDシリーズ」

古典柄をモダンアートに昇華した

ARITA PORCELAIN LAB
アリタポーセリンラボ

有田町のメインストリート内山地区にある「弥左ヱ門窯」のギャラリー。併設のカフェでは、伝統の図柄を鮮やかな彩色で表現した七代目弥左ヱ門の代表作「JAPANシリーズ」のうつわで優雅なティータイムが過ごせる。

📞0955-29-8079 🏠有田町上幸平1-11-3 🕐11:00～17:00(カフェは～16:00) 🈺火曜 🅿あり 🚃JR有田駅から車で5分 MAP 99 E-2

四段重の中はサラダや小鉢料理

おすすめは、ありたどりランチセット1870円。うつわは一人用4段重の「CONICシリーズ」

忠次舘に展示されている大花瓶

深川製磁の創立者・深川忠次の制作による大花瓶は、1900（明治33）年のパリ万博で金賞を受賞。日本の陶磁器の声価を高めた作品です。

深川様式の魅力にふれる

チャイナ・オン・ザ・パーク

有田を代表する陶磁器の窯元・深川製磁のやきもののテーマパーク。緑に囲まれた敷地内には、初代深川忠次の門外不出のコレクションの展示と工芸品や新作を取りそろえた忠次舘、工場直営のアウトレットショップ瓷器倉、カレーが味わえる究林登と3つの建物がある。

♪0955-46-3900 ⌂有田町原明乙111 ⏰9:00～17:30（CURRY HOUSE 究林登は11:30～16:00）㊡火曜（祝日の場合は営業、究林登は水曜も休）🅿️あり🍴JR有田駅から車で12分 MAP 98 A-3

■1ここにしかないものを探す楽しみにあふれたアウトレットショップ・瓷器倉 ■2深川製磁の和モダン茶器POT11000円とピッコロ5500円 ■3シナモンが効いた自家製アップルパイはドリンク付きで1500円

■4柿沼守利氏による建築・忠次舘。赤レンガの外観が緑に映える ■5絵付け体験では世界にひとつだけの作品がつくれる

伝統から生まれる
モダンな器

福珠窯
ふくじゅがま

初期伊万里や古染付から影響を受けたという、のびやかで自由な筆使いが特徴的。やわらかい青に銀を合わせた銀彩×染付シリーズや創業以来人気の天啓赤絵シリーズなど、手仕事が生むゆらぎとモダンなデザインが融合する。

♪0955-42-5277
⌂有田町中樽2-30-16
⏰11:00～17:00 ㊡不定休
🅿️あり🍴JR上有田駅から徒歩15分 MAP 99 F-3

■1自然で温かみがある、しっとりとした磁器の質感が特徴の福珠窯のうつわ ■2敷地内にはアウトレットもある

■3染錦蝶型箸置 1925円・染錦丸紋つなぎ箸置 1925円・染付伊万里牡丹箸置 1650円・染彩色絵うさぎ型箸置 1320円

■4天啓 花蝶5.5寸段付丸皿 5390円

■5銀彩×染付フリーカップの独楽筋（左）と十草各（右）4620円

お祝いの贈り物におすすめなのが、福珠窯の子ども向けのうつわ。名前も入れてもらえます。

伊万里にある秘窯の里
伝統が息づく大川内山へ

切り立った屏風岩が独特の景観を生み出している大川内山。
ここは江戸時代、佐賀藩・鍋島家の御用窯が置かれた場所です。
優秀な陶工が集められ、贅を尽くしたやきものが作られていました。

1 レンガ造りの煙突と石畳やドンバイ塀が独特の景観を織りなす **2 3** 陶磁器製の橋や美しい音色が響く鐘・めおとしの塔がある **4** 藩役宅跡は小高い丘にあり、見晴らしがいい

最高峰の技術が守られた秘窯の里
大川内山の町並み　おおかわちやまのまちなみ

大川内山に鍋島藩の御用窯が置かれたのは1660（万治3）年頃のこと。優秀な陶工たちが集められ、入り口に番所を置くことで外に高度な技術が流出することを防いだ。最高峰の技術と贅を尽くしたやきものは「鍋島焼」

と呼ばれ、現在では細い石畳の坂道沿いに30の窯元が軒を連ねる。青磁や染付、色鍋島などの伝統的な種類をはじめ、窯元によって作風はさまざま。緑が多く、川風がここちよい町をのんびり散策してみては。

MAP 23

藍色で下絵を描き、本焼をしたあとに赤・黄・緑の3色で上絵を付けた色鍋島、藍一色の鍋島染付、青磁釉を何度もかけて焼いた鍋島青磁の3つが鍋島焼の代表的な種類

大川内山MAP

周辺図 ▶P.100

0　150m
1:15,000

伊万里市街
鍋島藩窯関所

P.37
🅗鍋島藩窯秋まつり
大川内山
陶咲花🆂　🆂畑萬陶苑 P.23
P.23
🅗大川内山の町並み
伊万里市　　　P.22
🆂青山窯 P.23・33

上が北

青磁菊割皿付湯呑
4950円

散策に便利な大川内山MAP

窯元や大川内山の見どころが一目瞭然の「大川内山見て歩きマップ」が散策に便利です。各うつわ店に置かれています。

やきものの里を訪ねて／伊万里にある秘窯の里 大川内山へ

伝統を新しい形で表現

青山窯 せいざんがま

鍋島焼の伝統技法をベースに、現代になじむモダンかつ気品あふれるうつわを提案。緻密な手描きの染付や青磁の湯呑など、日常に取り入れたい上質で美しいうつわが並ぶ。

☎0955-23-2366
🏠伊万里市大川内町乙1832
🕐9:30～17:00　🅗無休　🅿あり
🍴JR伊万里駅から車で10分
ᴍᴀᴘ23

1菊割ポット6380円と皿付湯呑4950円 **2**手塩を盛るのに用いたおてしょ皿各1210円～ **3**手が届く値段の上品なうつわが並ぶ

鍋島様式の美を伝える

畑萬陶苑 はたまんとうえん

鍋島焼の伝統的な技法と緻密な職人技をいかした使い心地のいいうつわが並ぶ。食器以外にも香水瓶やランプシェードは海外で好評。鍋島焼の美を国内外に広く伝える。

☎0955-23-2784　🏠伊万里市大川内町乙1820　🕐9:00～17:30
🅗無休　🅿あり　🍴JR伊万里駅から車で10分　ᴍᴀᴘ23

現代の日本の食文化に合わせた、機能的で美しい洋食器を提案

1「キュイール 金彩 青海波文 木瓜珈琲碗皿（青）」33000円 **2**珈琲碗皿「鍋島 柘榴文捻れ珈琲碗皿（赤）」13200円

1かわいらしさと実用性を兼ねた食器がそろう。陶器製の小物も充実 **2**水玉シリーズ茶碗皿各1500円、湯呑1500円

愛らしい花模様に心なごむうつわ

陶咲花 とうしょうか

作り手が女性とあって、暮らしに身近な植物を描いた愛らしい絵付けが特徴。白磁に梅がやさしいタッチで描かれた水玉シリーズは、可憐で食卓が華やぐと好評。

☎0955-22-8055　🏠伊万里市大川内町乙1810-1　🕐9:00～17:00
🅗無休　🅿あり　🍴JR伊万里駅から車で10分　ᴍᴀᴘ23

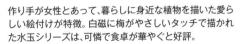

畑萬陶苑では申し出れば工房見学ができます（平日のみ受付）。緻密な絵付けの現場をぜひ見てみてください。

23

美肌の湯・嬉野温泉で出会った スタイリッシュでキュートなうつわ

嬉野のやきものといえば、400年の歴史がある肥前吉田焼。
有田焼や唐津焼のように決まりごとがなく、自由な作風が持ち味。
デザインと機能性を兼ね備えた、スタイリッシュなうつわが見つかります。

1嬉野川沿いの桜並木に面したカフェ 2魚料理と肉料理のWメインで楽しめるBランチコース 3630円 3昔ながらの急須と湯呑は肥前吉田焼の窯元・副千のもの。急須4730円、湯呑各1760円

4人間国宝の鈴田滋人さんがひとつずつ手作りする、佐賀鹿島の伝統工芸品・のごみ人形 5オリジナルの「ウレシカ(嬉菓)」12個入りミックス 2322円 6モダンな器が並ぶ

老舗宿に併設する雑貨店&カフェ
RestaurantCafe & Shop kihaco
レストランカフェアンドショップキハコ

美肌の湯が評判の旅館吉田屋 P.73に併設。うつわコーナーにはスタイリッシュな有田焼や地元嬉野の肥前吉田焼などをセレクト。オリジナルのうれしの茶やフィナンシェなどかわいい食みやげも豊富。

☎0954-42-0178 🏠嬉野市嬉野町岩屋川内甲382 🕐9:00～19:30(ランチは11:00～13:30、カフェは13:30～15:00) 🈺不定休 🅿あり 🚌嬉野バスセンターから徒歩8分 MAP 101 A-4

7白で統一された雑貨スペース 8日帰り入浴や足湯とあわせて利用するのがおすすめ

食事のみの利用ができる旅館吉田屋

RestaurantCafe & Shop kihakoがある旅館吉田屋には、ほかにもランチを楽しめる施設があります。足湯サロンクロニクルテラスでのカフェメニューや個室ダイニング「虚空蔵」での和食旅館ランチなど、気分によって利用できますよ。

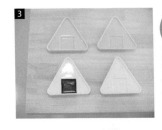

紙を使わないコーヒードリッパー

1 nashijiボウルS1815円〜
2 トノヒメ（花器）各2200円
3 おにぎり各1100円
4 カトラリーレストM880円、L990円　5 Caffe hat red 4400円

肥前吉田焼の磁器ブランド
224 shop+saryo
ニーニーヨンショッププラスサリョウ

肥前吉田焼の伝統的な技法をいかしつつ、デザイン性と機能性をあわせもつうつわを提案。醤油を注ぐとおにぎりに見える小皿や箸とカトラリーがいっしょに置ける箸置きなど、食卓が楽しくなるアイテムが並ぶ。

☎0954-43-1220　🏠嬉野市嬉野町下宿乙909-1　🕙10:00〜17:00（土・日曜、祝日は〜18:00）
🈺無休　🅿なし
‼嬉野バスセンターから徒歩3分
MAP 68

6 空間にやわらかな香りを届けるFragrance Pot各3300円
7 職人とプロダクトデザイナーが生み出す新しいうつわを発信

224 shop+saryoのCaffe hatは特殊な土を使用したセラミック製。まろやかで飲みやすいコーヒーが楽しめます。

雄大な眺めの黒髪山の麓で
うつわ探しとお昼ごはん

岩がそびえる黒髪山を見上げれば、まるで水墨画のような風景。
山の麓には、うつわ作家のアトリエが点在し、
ランチが食べられるカフェを併設しているアトリエもあります。

1シロツメクサの小鉢
各4000円
2磁器、陶器どちらも
ある

3雲の茶碗5000円、あじさ
いの蕎麦ちょこ7000円
4三階建ての古民家風の
造り

色彩鮮やかで華のあるうつわ
房 空路 ぼうくうじ

古民家風のギャラリーに並ぶ、色彩鮮やかなうつわたち。窯主・佐々田成子さんの作品は、大胆な構図と色で華やか。夜は蕎麦ダイニングになり、熊本産の牛のタタキや朝びきの「ありたどり」など地元の名物も堪能できる。

♪0954-45-2234 ⌂武雄市山内町宮原1426-1 ⏰11:30〜16:00、蕎麦ダイニングは18:00〜22:00 ㊡水・木曜 ⓟあり ‖JR三間坂駅から車で6分 MAP27

陶芸体験と森の中でランチ
桃林 とうりん

ほのぼのとあたたかみが感じられる土味のある陶器が並ぶ。天気のよい日は水辺の森でスイーツや食事が楽しめる。バスケットランチ付きの陶芸体験は2名からの受付で12000円、予約が必要。

♪0954-45-6186
⌂武雄市山内町宮野1832-1
⏰11:00〜16:00（ランチは11:30〜）㊡水・木曜 ⓟあり
‖JR三間坂駅から車で10分
MAP27

緑と水に囲まれたカフェスペース

1日8食限定、薬膳カレーが評判のカレーランチバスケット2000円（予約制）

1吉田求さんが手がけた粉引きの湯のみ 4000円、急須11000円 **2**緑に囲まれた山小屋風のすてきなギャラリー

武雄黒髪山MAP
上が北
周辺図 ▶ P.103
0　　500m
1:50,000

⑤ⓒいろえ工房 P.27
⑤閑古錐窯 P.27
●⑤ⓒ桃林 P.26
赤田　伊万里

黒髪山
武雄市
P.65
宮野上原
YUKI HAYAMA STUDIO ⑤ⓒ
GALLERY & CAFÉ 516
⑤Ⓡ房 空路 P.26
徒歩20分

武雄・黒髪山のハイキングコース
黒髪山の大自然の中を2、3時間で歩けるハイキングコース・タケさんぽが人気。PDFが見られるので「タケさんぽ」で検索してみて。

やきものの里を訪ねて／黒髪山の麓でうつわ探しとお昼ごはん

1白焼き締めの茶器セット16500円と青地銀彩茶器セット19800円 **2**波紋を入れた葉形皿は銀彩9350円、三島手7700円、玄釉6050円 **3**漆喰壁にステンドグラスの照明を合わせたアートな空間 **4**表面に切子ガラスのようなカットを施した玄釉魚子文ロックは11000円、玄釉銀彩魚子文ロックは16500円

研ぎ澄ました感性がうつわに宿る

閑古錐窯 かんこすいよう

作り手の山本英樹さんは平成の魯山人と評された故番浦史郎に師事。使い込むほどに艶が出る玄釉仕上げの茶器や、粉引に貫入（ひび模様）が映える小鉢など独自の存在感に目が奪われる。藁ブロックを漆喰で固めた建物も見どころ。

☎090-8403-6233 ⛩武雄市山内町宮野1947-16
🕙10:00〜17:00 ㉁日曜・第1・3土曜 🅿あり
🍴JR三間坂駅から車で8分 MAP 27

1好みの佐賀産のお茶とスイーツが選べる「喫茶室」 **2**ポーチからは湖、ギャラリーからは黒髪山が見渡せる絶好のロケーション **3**繊細な絵付けは絶妙な位置に施され、料理を引き立てる

「喫茶室」がある有田焼工房

いろえ工房 いろえこうぼう

有田焼の赤絵師・鷹巣陽さんの工房兼ギャラリー。緻密な絵と大胆な構図が織り成す美しいうつわが並ぶ。完全予約制の「喫茶室」では、いろえ工房のうつわを使ったティーセットが楽しめる。

☎0954-45-2000 ⛩武雄市山内町宮野1829-8
🕙10:00〜16:30（喫茶室は要予約）㉁月曜（喫茶室は日曜も休）🅿あり JR三間坂駅から車で10分 MAP 27

黒髪山の絶景を間近で見たいなら、乳待坊公園展望台へ。いろえ工房から車で約5分です。

うつわの生まれる場所へ
気になる作家に会いに行く

うつわを使うたびに、手に入れた場所のことを思い出すのも
旅の醍醐味のひとつです。毎日繰り返し使うものだからこそ
作家のもとを訪れて、すてきなうつわを見つけてみませんか。

古唐津を手本にした
優美で静かな佇まいのうつわ

1白磁菊型小皿各2000円。陶器のみならず、磁器も焼く。皿の表面には古陶磁にならい、重ね焼きをする際に生じる小さな目跡がついている **2**絵唐津小壺10000円 **3**古民家にうつわが並ぶ自宅兼ギャラリー

浪瀬窯
‖唐津‖なみせがま

厳木町浪瀬の山中にある登り窯で作陶する竹花正弘さん。自宅兼ギャラリーに並んだうつわは白が多く、端整な形が静けさを醸し出す。土作りにこだわり、登り窯の火でしっかりと焼き締めて作られるうつわは、とても自然で暮らしに溶け込むやさしい風合い。

📞090-4517-5561 🏠唐津市厳木町厳木861-7 🕐訪問時は電話かメールで事前に要連絡(info@namisegama.com) 休不定休
Ｐなし 🚃JR厳木駅からすぐ MAP103 B-3

奥行きを感じさせる黒が
盛り付けを際立たせる

1黒唐津掛分小皿各3850円 **2**旅するカップ巾着袋入り8800円。旅先の宿で休憩するときに、すてきなカップでお茶を楽しめる **3**土屋さんが作るうつわには強度があり、重ねやすく実用性に富んでいる

由起子窯
‖唐津‖ゆきこがま

木々が茂る静かな山間にある土屋由起子さんの工房。蹴ろくろを回して形づくり、焼かれるうつわはおおらかで料理を引き立てると評判。黒唐津には、おおよそ黒一色とは思えないほど奥深い表情がある。旅先に持って行ける「旅するカップ」もおすすめ。

📞0955-56-8701 🏠唐津市浜玉町東山田800-1 🕐9:00~17:00(訪問前に要連絡) 休不定休 Ｐあり 🚃JR浜崎駅から車で10分 MAP103 B-2

作家作品を扱うGALLERY一番館へ

このページ（P.28～29）で紹介している浪瀬窯、由紀子窯、白華窯の作品は、JR唐津駅から歩いて3分のGALLERY一番館P.82でも取り扱っています。

土のもつ個性を生かし、独自の世界観で作品をつくる

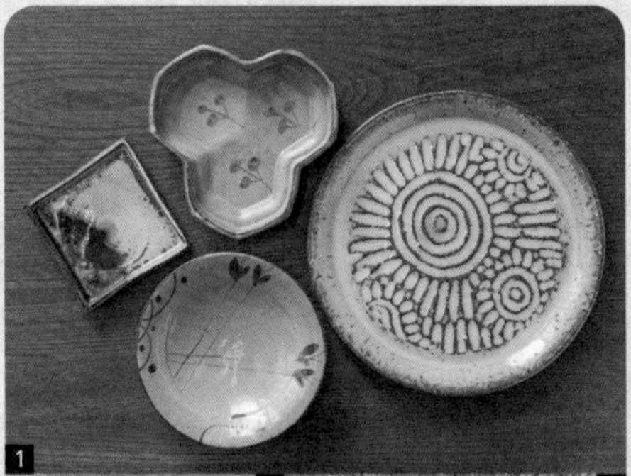

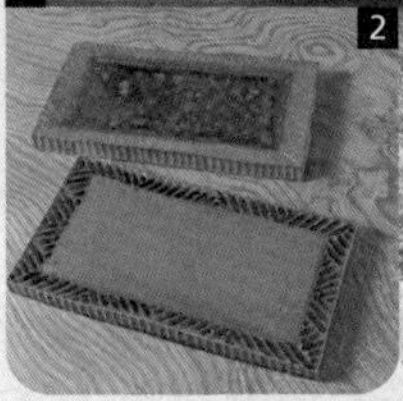

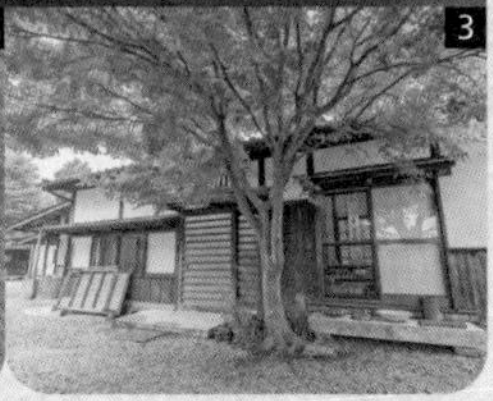

1絵唐津組小鉢、斑唐津刻組皿など。値段は要問い合わせ 2アトリエの一角に作品がずらり。さまざまな手法の唐津焼が並び、ついつい目移りしてしまう 3緑に囲まれた静かな場所にある

土平窯

‖唐津‖どへいがま

「土の顔（個性）を引き出す」の言葉のとおり、藤ノ木土平さんのやきものは自由でのびやか。草花や生き物、季節感のあるものを題材に、茶器や食器のほか創作性の高い作品を手掛け、新しいスタイルの唐津焼を創出している。二代目の陽太郎さんの作品もある。

☎0955-82-2970 唐津市鎮西町野元1315-3
8:00～17:00 休無休 Pあり
JR西唐津駅から車で25分 MAP103 A-1

シンプルでいて表情豊か軽くて上質な使い心地

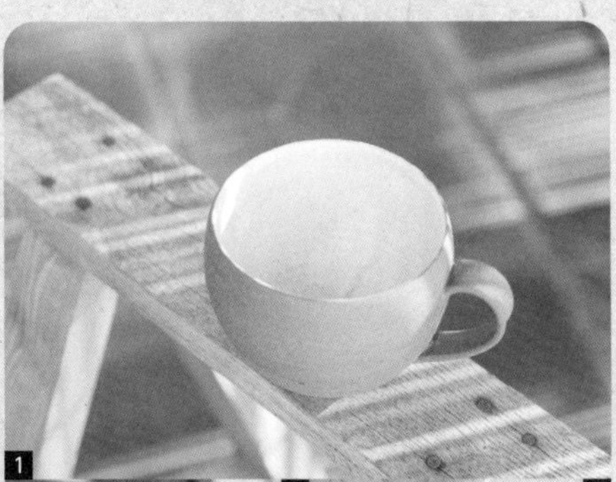

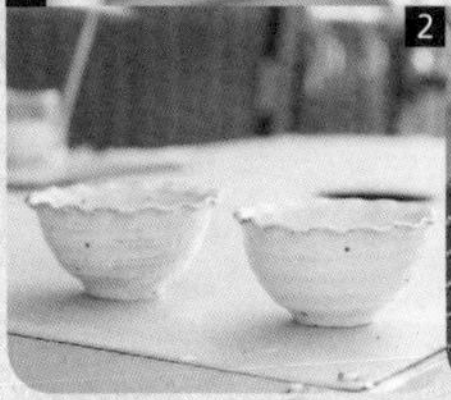

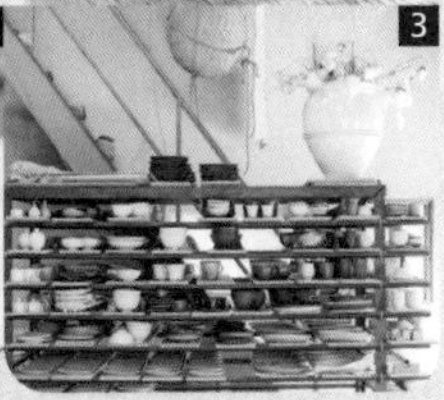

1炭化内粉引スープカップ4200円。マットでころんとした愛らしい形。しっかり安定感もあり、たっぷり入るスープカップはカフェオレボウルとしても 2粉引輪花小鉢各2200円 3日用食器や花入れが中心

白華窯

‖伊万里‖はっかよう

伊万里で作陶する吉永サダムさんの作品は、シンプルでいてひとつひとつに個性がある。なかでも灯油窯を用いる炭化窯変という手法の作品は、変化に富んだ豊かな表情。ろくろ中心で生み出す実用的な形と、温かみのある風合いの使い心地のいいうつわがそろう。

☎090-4988-5956 伊万里市二里町中里甲477-1 訪問前に要連絡 休不定休 Pあり JR伊万里駅から車で10分
MAP100 A-3

作家さんの工房を訪れるときには、必ず事前に連絡してから行きましょう。

使うごとに味わい深くなる
唐津焼の窯元を訪ねて

「一楽二萩三唐津」といわれ、古くから茶人に愛された唐津焼。
作り手八分、使い手二分といわれ、自由さを残して作られる器です。
窯元をたずねて、その味わい深い魅力にふれてみましょう。

■木々に囲まれ、自然をすぐそばに感じられる工房は見学もできる ②③蹴ろくろを回しながら牛べらという道具を陶土に押し当てて形を作る。一度に同じものを何個も作ることで体が慣れ、よい器が作れるという

のどかな風景に佇む唐津焼の名窯へ

隆太窯 りゅうたがま

中里隆さんをはじめ親子三代で作陶する窯。料理を盛り付けて完成する、といううつわはシンプルでおおらかな印象。唐津特有の鉄分が多い土を用いて登り窯、ガス窯、電気窯で焼かれるため、ひとつひとつに表情があり、手に持ったときの感覚や使い心地を大切に考えて作られている。

☎0955-74-3503 🏠唐津市見借4333-1 🕙10:00〜17:00 休水・木曜（ほか不定休あり）🅿あり 🚌JR唐津駅から車で10分 MAP 103 A-2

④大きな窓からの木漏れ日が心地よいギャラリー ⑤太亀さん作の湯呑は手のなじみがよくモダンな印象 ⑥絵刷毛目皿

…古唐津を受け継ぐ作品を鑑賞しましょう…

右の2点の作品が青い釉薬で新境地を切り開いた13代中里太郎右衛門のもの。左の絵唐津の鉢は端整で上品な作風の14代の作品。「陳列館」に展示

400年の歴史を誇る唐津焼の名門
中里太郎右衛門陶房
なかざとたろうえもんとうぼう

唐津藩の御用窯を務めた中里家の陶房。人間国宝・12代が復元した古唐津を受け継ぎながら、現在は14代中里太郎右衛門氏が作陶する。和風建築の建物には陶房の職人たちの作品が並ぶ展示室があり、陳列館では13代と14代の中里太郎右衛門の作品が見られる。

☎0955-72-8171 ⛩唐津市町田3-6-29 ⏰9:00〜17:30 休水・木曜（祝日の場合は翌日休）Ｐあり 🚃JR唐津駅から徒歩4分 MAP 102 A-4

1 4 陶房の職人たちが作る「窯もの」が並ぶ展示室 2 鯉が泳ぐ美しい日本庭園を囲むように展示室と陳列館が立つ 3 植物文様などを描いた唐津湯呑各2750円〜

鏡山の麓にある
親子で作陶する窯元
赤水窯
あかみずがま

熊本千治さんと2代目・象さんの作品が並ぶ。実用的で料理をおいしく見せる日常のうつわに定評がある。デザインクラフトの影響を受けたという千治さんのおおらかな陶器と、古陶磁のエッセンスを感じさせ、モダンで美しい形をした象さんの陶器に出会える。

☎0955-77-2061 ⛩唐津市鏡赤水4758 ⏰11:00〜18:00 休火曜 Ｐあり 🚃JR虹ノ松原駅から徒歩10分 MAP 102 C-2

三島唐津カップ＆ソーサー
16200円

斑彩泥マグ
5500円

掛け分け小皿「Cat」
1枚3520円

掛け分けマグ
Sea5500円

黒唐津鎬ティーポット16200円

1 味わい深い色合いのカップが並ぶ 2 奥行きのある店内は落ち着いた佇まい

熊本象さんが作るカップは薄くて口当たりがよく、飲み物がおいしく感じられます。サイズ感も絶妙です。

どれにしようか迷います
愛らしくて小さなうつわ

小さいうつわに込められた職人たちの手仕事。
ひとつずつ手描きで生み出される模様や愛らしい形が
食卓を楽しく、賑やかにしてくれますよ。

染錦赤濃梅絵三.五多用皿 2420円

染錦木立四寸深皿 3036円

染付三ツ柏三.五多用皿 1628円

**古代呉須を用いた
濃紺で存在感のある皿**

白地に藍青色で絵を付ける染付の皿が多い、そうた窯。やや
クリーム色がかった釉薬が、器をやさしい表情に見せる。

ろ

亀珍味 2640円

斬新なデザインと思いき
や、20年来のロングセラ
ー。深さがあり、おつまみ
を盛るのにぴったりの大
きさ。

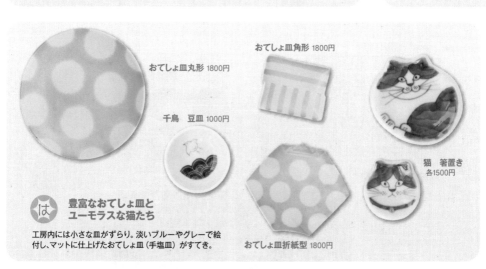

おてしょ皿角形 1800円

おてしょ皿丸形 1800円

千鳥 豆皿 1000円

猫 箸置き
各1500円

**豊富なおてしょ皿と
ユーモラスな猫たち**

工房内には小さな皿がずらり。淡いブルーやグレーで絵
付し、マットに仕上げたおてしょ皿（手塩皿）がすてき。

おてしょ皿折紙型 1800円

おてしょ皿って？
直径11cm以内の小皿のことをおてしょ皿（手塩皿）といいます。始まりは古く、室町期。とりどりの形と絵柄があり、コレクターも多いそう。

**おめでたい
キュートな鶴亀さんを
どう使いましょうか**

鶴珍味
2640円

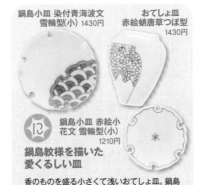

鍋島小皿 染付青海波文
雪輪型（小）1430円

おてしょ皿
赤絵蛸唐草つぼ型
1430円

鍋島小皿 赤絵小
花文 雪輪型（小）
1210円

**鍋島紋様を描いた
愛くるしい皿**

香のものを盛る小さくて浅いおてしょ皿。鍋島焼に伝わる青海波文や蛸唐草文などを小さな皿に緻密に描く。

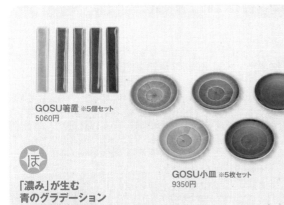

GOSU箸置 ※5個セット
5060円

GOSU小皿 ※5枚セット
9350円

**「濃み」が生む
青のグラデーション**

青一色で豊かな表情を生み出すGOSUシリーズ。古くから伝わる濃み（だみ）という技法でひとつずつ色付けされる。

い そうた窯 ‖武雄‖ そうたがま
手描きの器が人気の窯元。古代呉須をたっぷり用いた濃紺の染付が特徴で、小さな豆皿でも存在感がある。
☎0954-45-6185 ⌂武雄市山内町宮野24089-1 ⏰8:30～17:00 休日曜、祝日（土曜不定休、要問い合わせ）Ｐあり ‼JR上有田駅から車で6分 MAP103 A-3

ろ 徳幸窯 ‖有田‖ とっこうがま
旅館や料理店に器を卸してきた経緯から、鶴亀や松竹梅などおめでたいモチーフを用いた変形豆皿が得意。
☎0955-42-2888 ⌂有田町応法丙3841-1 ⏰9:00～16:30（訪問前に要連絡）休土・日曜、祝日 Ｐあり ‼JR有田駅から車で10分 MAP98 C-1

は 北川美宣窯 ‖有田‖ きたがわびせんがま
主に家庭用の一般食器を手がける。ユーモラスな表情の猫シリーズや色とりどりのおてしょ皿がおすすめ。
☎0955-43-2149 ⌂有田町赤坂丙2842-5 ⏰8:30～17:00 休日曜、祝日、隔週土曜（要問い合わせ）Ｐあり ‼JR有田駅から車で5分 MAP98 C-2

に 青山窯 ‖伊万里‖ せいざんがま
緻密な手描きが特徴の鍋島様式を継承。伝統技法をいかしつつも、モダンな食器やインテリアも提案。
↪P.23

ほ 副久製陶所 ‖嬉野‖ そえきゅうせいとうしょ
筆に呉須（青）をたっぷり含ませ、指先感覚を頼りに少しずつ流しながら色をつける濃みがうつわを彩る。
☎0954-43-9606 ⌂嬉野市嬉野町吉田丁4099-1 ⏰9:00～17:00（訪問前に要連絡、工場見学も可）休土・日曜、祝日 Ｐあり ‼JR肥前鹿島駅から車で20分 MAP103 B-4

副久製陶所のGOSUのうつわを裏返すと、作られた季節が手描きで記されています。

1トンバイ塀に囲まれた木造建築の大規模な磁器工場 **2**陶石を粉砕するところから、磁器作りの製造過程を見学できる

やきもの工場がそのまま残る
日本でも珍しい博物館

作業場に当時の職人さんの面影を感じられるノスタルジックな工場跡

ろくろ体験は1個1200円〜(配送料が別途必要)

体験メニューの中で人気があるのはランプシェード作り。体験料は2500円

石炭窯や重油窯など、いろいろな窯が並ぶ焼成場

志田焼の里博物館

‖嬉野‖ しだやきのさとはくぶつかん

1914(大正3)年から1984(昭和59)年にかけて実際に使われていた焼き物工場がそのままの姿で残されていて、レトロな雰囲気が漂う工場をめぐりながら焼き物作りの全工程を学べる。体験も人気で、ろくろや手びねり、絵付などスタッフが丁寧に教えてくれる。

📞0954-66-4640 🏠嬉野市塩田町久間乙3073 🕐9:00〜17:00
🈲水曜 🈶300円 🅿あり
🍴JR肥前鹿島駅から車で15分
MAP 103 B-4

有田・伊万里

やきものの里として世界的に有名な有田・伊万里。
歴史ある窯元や工房をはじめ、現代的なうつわの
セレクトショップなど、多彩なうつわに魅了される
ショップめぐりが一番のお楽しみ。
うつわ作りや歴史について学べるミュージアムを
のぞいてみるのもおすすめです。
有田焼や伊万里焼のうつわを使う飲食店も多いので
ランチやカフェのひとときには、そのうつわ使いも楽しんで。

有田・伊万里を
さくっと紹介します

車で30分ほどの場所にある有田と伊万里は、
窯元やギャラリーが集まる焼き物エリアです。
充実するやきものイベントもチェックして行きましょう。

旅のスタートは有田駅・伊万里駅から

有田駅
駅構内にはみどりの窓口があります。
観光情報は駅前のキルンアリタ観光案内所で集めましょう。
キルンアリタ観光案内所
📞0955-42-4052

伊万里駅
JR九州の筑肥線と松浦鉄道の西九州線の2路線が乗り入れる駅。徒歩圏内に駐車場やコンビニがあります。
伊万里市観光協会　📞0955-23-3479

有田～伊万里間のアクセス
🚃松浦鉄道で25分／460円
🚗車で14km／25分

伊万里に着いたら
伊万里駅周辺から窯元が集まる大川内エリアまでの交通手段は西肥バス、タクシー、レンタカーなどがあります。バスは本数が少ないので事前に確認、レンタカーも事前予約がおすすめです。

日本初の磁器
生産地でやきものの里

P.38 **有田**
ありた

古い歴史をもち、やきものファンも多いエリア。その歴史を学べるスポットや、器のショップや窯元が充実。

有田に着いたら

駅周辺から徒歩でもめぐれますが、内山地区はレンタサイクルでめぐるのもおすすめです。
レンタカーやタクシーもあるので、スケジュールに合わせて選ぶのもいいですね。

レンタサイクル
駅前のキルンアリタ観光案内所でレンタサイクルが借りられます。ほかに有田館、上有田駅前で貸し出しています。
💴レンタル料、自転車500円、電動アシスト付1000円（保証料1000円）

観光タクシー
ドライバーが有田の歴史や観光スポットなどを紹介してくれます。料金は普通車1時間5100円、ジャンボタクシー（9人まで）は1時間7500円。予約がおすすめです。
有田タクシー　📞0955-42-3131

イベントをチェック

有田陶器市
『有田』ありたとうきいち
4/29～5/5

およそ4kmの道沿いに400ほどの出店が並ぶ日本屈指の陶器市。高級有田焼から若手作家の作品まで豊富にそろう。期間中はおよそ100万人以上が訪れる。
📞0955-42-4111（有田商工会議所）

冬は「有田×サンタプロジェクト」も

窯元の煙突が立ち並ぶ、有田の風景を活かそ
うと始まったプロジェクト。リアルなポーズの
サンタクロース人形は、遠くから見るとまるで
本物のよう。多くの見物客でにぎわいます。

やきものや ブランド牛もおすすめ

P.52 伊万里
いまり

街を歩けば随所でやきもの
が見られる。伊万里牛のハ
ンバーグなどのグルメや、
みやげも楽しめる。

石畳の小道に 約30の窯元が並ぶ

P.22 大川内山
おおかわちやま

かつて鍋島藩の御用窯が置
かれた歴史あるエリア。伝
統を受け継ぐ窯元が
点在している。

有田・伊万里／有田・伊万里をさくっと紹介します

大川内山・風鈴まつり
‖伊万里‖ おおかわちやまふうりんまつり
6月中旬～8/31

大川内山の町中に、伊万里焼の風鈴の
音が鳴り響く風流な祭り。コンサート
や展覧会、ライトアップなどさまざま
な催しも開催。
☎0955-23-7293（伊万里鍋島焼協同組
合）

鍋島藩窯秋まつり
‖伊万里‖ なべしまはんようあきまつり
11/1～11/5

大川内山で行なわれる秋祭り。古来から
の形式にのっとった火おこし式や献上
窯焚きなどの伝統行事のほか、窯元市も
同時に開催。
☎0955-23-7293（伊万里鍋島焼協同
組合）

秋の有田陶磁器まつり
‖有田‖ あきのありたとうじきまつり
11月中旬～下旬

紅葉が見頃の町内で、各陶磁器店でのも
てなしや抽選会、薪窯の窯焚き公開など
のイベントを実施。期間中、飲食店（一部
を除く）では、期間限定メニューを用意。
☎0955-43-2121（有田観光協会）

有田には、町を案内してくれる有田観光まちなかガイドがいます。ガイド料は1時間1500円～。問い合わせは有田観光協会☎0955-43-2121へ。

有田焼をよく知るための 3つのスポットを訪ねます

窯元めぐりの前に、やきものについて学んでみませんか。
古伊万里、柿右衛門、鍋島の三様式や江戸期の制作工程など
知るほどに400年の歴史を誇る有田焼の魅力にふれられます。

白磁冠火食鳥噴水　有田町 所蔵

❶柿右衛門様式の濁し手と色絵を壁に表現。プロジェクションマッピングで大皿の図柄が次々に変化する ❷展示室に誘うプロジェクションマッピング ❸入館料は無料 ❹マイセンの名陶工による噴水

九州の陶磁器専門の美術館
佐賀県立九州陶磁文化館
さがけんりつきゅうしゅうとうじぶんかかん

有田焼をはじめ、九州各地の陶磁器や現代作家の作品を収集・展示。なかでも「蒲原コレクション」と「柴田夫妻コレクション」は見もの。第1展示室では、有田焼の歴史を名品とデジタル映像で分かりやすく紹介。屋外にはマイセン磁器製の噴水や鐘もある。

📞0955-43-3681 📍有田町戸杓乙3100-1
🕐9:00～16:30 🈺月曜（祝日の場合は翌日休）💴入場無料（特別企画展は有料の場合あり）🅿あり
🚋JR有田駅から徒歩12分 MAP 98 C-4

柴田夫妻コレクションより
染付蓮花渦花卉文輪花大皿
1610～1630年代制作

蒲原コレクションより
色絵花盆文八角大壺
1690～1730年代制作
（有田町所蔵）

展示の見どころ

約300年前に有田で作られ、ヨーロッパに輸出された絢爛豪華な有田焼を中心に収集した「蒲原コレクション」と江戸時代の有田焼を常時約1000点展示する「柴田夫妻コレクション」は名品ぞろい。

こちらで
ひとやすみ

ケーキとコーヒーのセット750円

カフェテラス彩
カフェテラスあや

古いものでは350年前に作られた皿など、江戸期の古伊万里を使用。ケーキセットのうつわは柴田夫妻コレクションを使用。

📞0955-43-2078 🕐10:00～16:00
🈺月曜（祝日の場合は翌日休）

※写真／有田陶磁美術館所蔵

[1]江戸時代の製造方法や工程などが克明に描かれている「染付有田皿山職人尽し絵図大皿」 [2]陶彫赤絵の狛犬 [3]色絵窓人物松竹梅文瓶 [4]色絵窓絵風俗図唐花文大瓶

有田の近代陶磁器を中心に展示
有田陶磁美術館
ありたとうじびじゅつかん

明治時代のやきもの蔵を改装して作られた美術館。明治時代の有田焼を中心に、昭和初期までのやきものを紹介。江戸時代のやきもの作りの様子がいきいきと描かれた「染付有田皿山職人尽し絵図大皿」は県の重要文化財。

[5][6]1階の入ってすぐのところに「染付有田皿山職人尽し絵図大皿」と「陶彫赤絵の狛犬」を展示

📞0955-42-3372
🏠有田町大樽1-4-2
🕘9:00〜16:30
🈺月曜、祝日
💴120円 🅿あり
🚶JR上有田駅から徒歩15分 MAP 99 E-2

有田／有田焼をよく知るための3つのスポット

日本の磁器発祥の地
泉山磁石場
いずみやまじせきば

江戸時代初期に朝鮮人陶工・李参平により発見された磁石場。約400年前、この場所で陶石が発見されたことで日本で最初の磁器産業が興った。磁石が採掘された痕が残る奇景は迫力がある。

📞0955-43-2121（有田観光協会）🏠有田町泉山1-5 🕘見学自由 🅿あり 🚶JR上有田駅から徒歩15分 MAP 99 F-2

[1]歩道にちりばめられた陶片「べんじゃら」が目を楽しませてくれる [2]紅葉の名所としても知られる（秋の有田陶磁器まつり期間のみ一部開放）[3]大きな洞穴やむき出しの岩肌が独特の雰囲気。現在はほとんど採掘されていない

有田陶磁美術館で販売されている「皿山なぜなぜ」という本がおすすめ。有田焼について詳しく学べます。

有田・内山地区を歩いて すてきなうつわと建築に出会う

内山地区にある老舗窯元やギャラリーは建築もすてき。
明治期の洋館をはじめ、庭の緑が美しい商家やモダンな町屋など
時を重ねた建築の中で、うつわをじっくり吟味しましょう。

伝統技術を駆使したモダンなうつわ

深川製磁 本店 ふかがわせいじほんてん

1894（明治27）年創業の宮内庁御用達の窯元。フカガワブルーと呼ばれる深く澄み切った青と純白で透明感のある白磁が特徴。本店ショールームの店内には富士山のステンドグラスが輝く。大正から昭和初期の木造3階建て建物も見どころ。

☎0955-42-5215 🏠有田町幸平1-1-8 🕘9:00～17:00 🈺無休 🅿あり 🚉JR上有田駅から徒歩15分 MAP 99 E-2

⑤光琳風染付立型急須22000円 ⑥ブルーワイナリー 三ツ足マグカップ6600円 ⑦セルリアンブルー ピッコロ5500円

①④モザイクの床や富士山のステンドグラスなど、随所に明治期のモダンな様式を残す建物 ②草花折枝白抜紋 紅茶碗皿16500円。モチーフは明治期から続くものが多い ③色絵菊花紋 八角紅茶碗皿22000円

作家の人となりが見える展示

手塚商店 てつかしょうてん

築約100年の重厚な建物には、すてきなうつわがずらり。たなかふみえさんや石原亮太さんなど5名の作品を展示する。展示数が多く、各作家のいろいろな作風が一度に見られることで、作家の魅力がより伝わる。

☎0955-42-2018 🏠有田町大樽1-2-2 🕘9:00～17:00 🈺不定休 🅿なし 🚉JR上有田駅から徒歩10分 MAP 99 E-2

①④縁起のいい意味が込められた絵付けが愛らしいたなかふみえさんの豆皿 ②店内からは庭の緑が眺められる ③石原亮太さんのシェルベース各2500円

明治モダンを感じさせる「深川製磁 本店」

大正期に建てられた「深川製磁 本店」の建物と参考館の所蔵品は、経済産業省が認定した近代化産業遺産群の一つ。参考館は予約制で見学ができます。隣接する工房は、初代が1894（明治27）年に設計したものです。

「香蘭社調」と愛される絵柄

香蘭社 有田本店

こうらんしゃありたほんてん

明治初期のクラシカルな木造建築を現在もショールームとして使用。2階は明治・大正期の香蘭社製品などを展示した古陶磁陳列館。伝統の中に斬新な色調や技法を積極的に使い「香蘭社調」と愛されてきた銘品が鑑賞できる。

☎0955-43-2132 ⌂有田町幸平1-3-8
🕒9:00～17:00 休 無休 P あり
🚶JR上有田駅から徒歩15分 MAP 99 E-3

1普段使いや贈り物におすすめのうつわが並ぶショールーム 22階の古陶磁陳列館は観覧無料 31879（明治12）年会社設立の窯元。明治期には万国博覧会にも出品。世界に日本磁器の秀逸さを広めるとともに、日本初の電子用碍子の製造にも成功した

4苺香（いちご）・湯呑揃11000円※茶托は別売り 5燦彩ばら・置時計16500円

温かみのあるやさしい白が特徴

今村製陶 町屋 いまむらせいとうまちや

風情のある町屋に並ぶのは、自然で温かみのある白に、薄くて美しい形をしたうつわ。「JICON」は今村肇さんとデザイナーの大治将典さんが生み出した今村製陶のブランド。毎日使いたくなる秀逸な形で価格も手頃。

☎0955-43-4363 ⌂有田町岩谷川内2-4-13 🕒11:00～17:00 休 火曜、不定休 P あり
🚶JR有田駅から車で5分 MAP 99 D-3

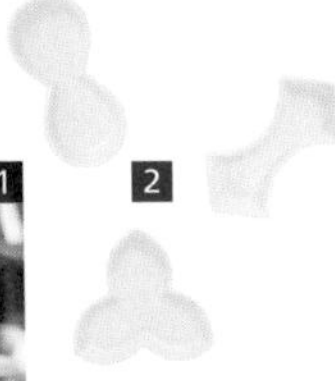

1花瓶 小 四面取り3080円 2箸置き3種2255円 34JICONは【今を生きる】という意味の爾今から名付けたそう。「素材感のある暮らし」をコンセプトに日用のうつわを作り出す

今村製陶 町屋のうつわはまるで骨董のような佇まい。和食にも洋食にも合い、絶妙なサイズ感で使いやすいと評判です。

白磁に手描きの絵付けが映える
有田焼の魅力にふれる

有田焼の大きな魅力は、手描きによる絵付けにあります。
職人の手でひとつひとつ描かれた絵には温かみがあり、
日々の料理の盛り付けを引き立ててくれます。

色鮮やかな絵が映える
源右衛門窯
げんえもんがま

有田焼の中でも、とくに人気の窯元。古
伊万里様式をもとに手描きされる濃い
色合いの模様は色鮮やかで、テーブル
を賑やかにしてくれる。うつわは有田の
伝統的な製法を守りながら、熟練陶工の
手技により生み出されている。また、工
房が見学できる貴重な窯元でもある。

📞0955-42-4164 🏠有田町丸尾丙2726
🕐8:00～17:00（日曜、祝日は9:00～）
㋡無休 🅿あり ☕JR有田駅から車で5分
MAP 98 C-2

1 「UME-PLAY COLLECTION」は佐藤オオキ
氏率いるデザインオフィスnendoとのコラボレ
ーションで生まれたシリーズ。小皿2200円～
2 3 展示所は江戸の趣を残す窯の一角にある

4染錦芭蕉絵マグカップ11000円
5染錦鉄線花平皿17600円

元気な色づかいで
モダンな染錦梅花
デミタスカップ
11000円

🕊 平日は工房と古伊万里資料館の見学もできます

展示所で申し出れば工房の
見学ができます。古伊万里
資料館には、昭和40年代か
ら参考資料として収集して
きた輸出古伊万里を中心に
展示しています。入場無料。

KEIZAN

柄の数が多い。なかでもクジラやエビ、鳥獣戯画は人気の柄

左から錦牡丹菊型3寸
小皿、染付牡丹菊型3
寸小皿各3300円

蕎麦猪口といえば渓山窯
うつわ処けいざん
うつわどころけいざん

蕎麦猪口で有名な渓山窯の販売所。
絵柄はすべて手描き。染付（青）が
基本で、シンプルで愛らしい絵付け
は料理を引き立てると評判。

☎0955-43-4533 🏠有田町幸平
1-1-3 ⏰13:00～16:30（土・日曜、
祝日は10:00～17:00）🅟不定休
🅿あり 🚃JR上有田駅から徒歩
15分 MAP 99 E-2

素朴で温かみのあるうつわ
大日窯 だいにちがま

初期伊万里に近い素朴な形
と、温かみのあるシンプルな
絵柄が特徴。天然素材にこ
だわり、自家製の絵具や釉薬
を使用する。絵は筆の勢い
をいかすためすべて手描き。
ぼってりとかかる釉薬がや
さしい白を醸し出す。

☎0955-42-2416
🏠有田町古木場甲1300-1
⏰9:00～17:00 🅟日曜
🅿あり 🚃JR有田駅から車で
10分 MAP 103 A-4

畑に囲まれたのどかな場
所に窯がある

3寸皿各1100円

＼ ここにも立ち寄り ／
10万点が眠るうつわ倉庫
幸楽窯 トレジャー
ハンティング
こうらくがまトレジャーハンティング

創業150年超の窯元。約10
万点のうつわが山積みの倉
庫で、バスケット一杯分、好き
なうつわを選んで買いもの
することができる。滞在の制
限時間は90分。

☎0955-42-4121 🏠有田町丸尾
丙2512 ⏰10:00～12:00、13:00
～16:00 🅟無休 🅿あり 🚃JR有
田駅から車で4分 MAP 99 D-2

デッドストックや廃番品の食器類
が山積み

1バスケットは
5500円・11000
円。バスケット
の上部をはみ
出さなければ
入れ放題

あと引きしない川蝉の醤油差し
4290円～

大日窯のうつわは温かみのある絵柄とシンプルな形で、毎日のごはんをおいしそうに見せてくれます。

陶磁器の専門店が軒を連ねる
有田焼のショッピングモール、アリタセラへ

JR有田駅から車で7分の「アリタセラ」は
日用食器から高級美術陶磁器までがそろう有田焼のショッピングモール。
レストランやギャラリーなどもあり、1日かけて楽しむことができます。

1古典的な染付の器ながら、どこかモダンな「福泉窯」の品々 **2**発売から20年、約130種類ものバリエーションがそろう「究極のラーメン鉢」 **3**有田焼を代表する染付と赤絵の技法を用いたそば猪口各3630円 **4**有田名物ごどうふのパイ330円と有田豚のチーズウィンナーデニッシュ280円 **5**レンコン形の箸置き1個715円とマットな手触りがここちよいカップ2200円～ **6**ナチュラルモダンなカフェスペース

バリエ豊富な有田焼と焼きたてパンが美味

MARUBUN SHOP & BAKERY CAFE
マルブンショップアンドベーカリーカフェ

伝統柄から現代作家のものまで、種類豊富なやきものがズラリと並ぶ有田焼の総合商社。ご当地素材をふんだんに使った焼きたてパンがおいしいカフェも併設していて、ブランチやランチスポットとしても人気が高い。

📞0955-43-2352 🏠有田町赤坂丙2351-169 🕐11:00～17:00（土・日曜、祝日は10:00～）㊡12月31日、1月1日 🅿あり🚗JR有田駅から車で7分 MAP98 C-2

重さ、サイズ、縁の厚さなど計算しつくした「究極のラーメン鉢」。写真の田清窯「日出国」鉢5720円、レンゲ1870円

アリタセラって?
約2万坪の敷地に有田焼を扱う22店舗とギャラリー、ホテル、レストランなどが集まっています。有田焼は、伝統的なうつわからモダンなデザインのもの、美術工芸品まで目移りしそうな幅広いラインアップです。

有田／有田焼のショッピングモール、アリタセラへ

4組のデザイナーが手がける新たな陶器ブランド
百田陶園 ももたとうえん

「1616/arita japan」は有田焼の伝統を踏襲しながらも、これまでの有田焼とは異なる陶磁器ブランド。4組のデザイナーによる「スタンダード」、「カラーポーセリン」、「アウトライン」、「クレイ」のシリーズがある。

📞0955-42-2519 🏠有田町赤坂丙2351-169
🕙10:00〜17:00 ㊡無休 Ｐあり
🍴JR有田駅から車で7分 MAP 98 C-2

普段使いしたくなるシンプルモダンな有田焼がそろう

①ショールームの天井や壁は有田焼の陶石を加えた左官仕上げ ②ショップ内にカフェを併設。エスプレッソ480円〜 ③ショルテンとC.バーイングスのS&B Tea Cup1430円〜

古来より伝わる紋様をモダンにアレンジ
KIHARA ARITA 本店
キハラアリタほんてん

有田焼や波佐見焼の窯元や職人たちの特性を生かしながら、現代の生活に調和するうつわを生み出す。古来より伝わる伝統柄や絵具を効果的に使ったスタイリッシュなデザインが多い。

📞0955-43-2325 🏠有田町赤坂丙2351-169
🕙9:30〜17:30 ㊡無休 Ｐあり
🍴JR有田駅から車で7分
MAP 98 C-2

①日本の伝統紋様を現代的にアレンジしたKOMONシリーズ ②有田焼の道具や風景などを描いたArita Icon3850円 ③重ねて収納できるSITAKUシリーズのキッチンツール

有田焼のうつわで美しい創作料理を味わう
arita huis アリタハウス

佐賀牛や有田地鶏、地場産の野菜を使った料理を、有田焼の産地ならではの魅せるうつわで提供。オーベルジュスタイルのレストランで、ランチタイムには手ごろなメニューが味わえる。

📞0955-25-8018 🏠有田町赤坂丙2351-169 🕙12:00〜14:00（カフェは〜16:00）、18:00〜21:00（ディナーは金〜日曜、祝日のみ、2日前までに要予約）㊡ランチ・カフェ月・火曜（祝日の場合は翌日休）、ディナー月〜木曜（祝日の場合は営業）Ｐあり 🍴JR有田駅から車で7分 MAP 98 C-2

①②ランチメニューは、ローストポークのサラダランチまたは季節のパスタ3種から選ぶパスタランチ各1980円 ③高い天井のレストランホールには、36席のテーブル席と、6席のオープンキッチン対面のカウンター席がある

百田陶園が扱う1616／arita japanは、飽きがこないシンプルな形。スタンダードシリーズは500円台からそろいます。

有田の産物を盛り込んだ
有田グルメをいただきます

有田焼のうつわに盛られた弁当、特産の「ありたどり」や
「ありたぶた」を使ったメニューなどの有田グルメ。
かわいいカフェもありますよ。

オリジナルのカップは購入もできる。そばちょこ3800円（スプーンは参考商品）、フリーカップ3000円

幸福を呼ぶウサギ文様のうつわに地元の旬が

kasane
カサネ

古い商家を利用した和食店。「ありたぶた」など地元食材を中心とした料理は素材のもち味を引き立てるやさしい味付け。土・日曜限定の「kasaneランチプレート」1500円は手作りケーキとほうじ茶で締めくくる。

📞0955-42-3100 🏠有田町中の原2-1-7 🕚11:00～18:00（金・土曜は～20:00）🈺水・木曜 🅿️あり 🚃JR有田駅から車で5分
MAP 99 E-3

❶インテリアは手ざわりのよい木製家具で統一 ❷季節限定の果実入りのいちごさんクリームソーダ600円 ❸吉祥文様のウサギをあしらったオリジナルのうつわをはじめ有田焼で提供される「kasaneランチプレート」

モダンアートに囲まれてうつわとパンを楽しむ

bakery and art cafe lier
ベーカリーアンドアートカフェリア

鹿児島県の画家ocoboさんの大胆なウォールアートが目を引くベーカリーカフェ。小麦粉の風味が味わい深いパンはハード系からスイーツ系まで約40種類がそろう。うつわはすべて「in blue 暁」の百田暁生さん作。

📞0955-29-8875 🏠有田町南原1140-3 🕚8:00～17:00（パンケーキは～15:30）🈺火・水曜 🅿️あり 🚃JR有田駅から車で6分
MAP 98 B-2

❶ハンドドリップコーヒー 495円と手作りポテトサラダサンド297円 ❷モダンでスタイリッシュな店内 ❸ライブアートで描き上げた壁画

名物「有田焼五膳」
有田焼のうつわに、有田産「ありたどり」の5つの料理を盛り付けたご当地グルメ。町内の亀井鮨、ギャラリー有田、レストランまるいしの3店舗で提供しています。各店の自慢の味がそろいます。

古美術と有田焼のうつわで会席料理を楽しむ
日本料理 保名
にほんりょうりやすな

季節の産物を使った料理は上質な有田焼に盛られて食膳に上がる。陶箱弁当はオリジナルデザインの大きな蓋物に多彩な料理が並ぶ。しつらえ、温泉、食にこだわったオーベルジュ「宿坊心月」を併設。

📞0955-42-2733 🏠有田町本町丙833-4
🕐11:30〜14:00、17:00〜21:00 休不定休 Pあり
🍴JR有田駅から徒歩10分 MAP98 C-3

1 骨董のうつわで食事を提供。写真は併設の宿坊にあるレストラン「Dining YASUNA瑞」のおまかせ会席22000円(要予約) 2「宿坊 心月」の温泉は白濁でとろみがあり、まるで美容液に浸かるよう 3 蓋に縁起のいい「寿」の手描文字が入った陶箱弁当はランチのみで2800円

玉手箱のような有田焼でいただく御膳
ギャラリー有田
ギャラリーありた

有田焼ショップ併設の喫茶店。約2500客もの有田焼、伊万里焼のカップに囲まれ、好みのカップを選んでコーヒーが飲める。有田焼五膳は、有田焼の5つのうつわにブランド鶏のありたどりを使ったヘルシーな料理が並ぶ。

📞0955-42-2952 🏠有田町本町乙3057 🕐11:00〜16:30 休不定休 Pあり 🍴JR有田駅から徒歩5分 MAP99 D-3

1 限定10食の有田焼五膳1800円は11:00〜14:00のみ提供 2 若手作家から人間国宝のうつわまでが並ぶ 3 広々としたテーブル席

日本料理 保名に併設の「宿坊 心月」は1日3組限定の宿。温泉付きの3棟の戸建てが建ち、ワンランク上の料理が味わえます。

有田／有田グルメをいただきます

自然に囲まれたロケーションが魅力です
有田のゆったりカフェで過ごすひととき

駅から少し離れると、奥深い自然が残る有田。
清々しい渓谷や木々の緑など、自然美に包まれた
癒やしのカフェでのんびりとした時間を楽しんで。

1 大きな窓から渓谷の景色とせせらぎが楽しめる　2 ラテアートの九州大会で優勝した主人が描く繊細なラテアート（スワン）803円　3 世界各地から取り寄せた良質な生豆を自家焙煎している　4 コーヒーは店内にある有田焼の好みのカップで飲める　5 コーヒーとパンに使う水は雑味のない地下水

清らかな渓谷の景色を楽しむ絶景カフェ
龍泉荘 奥の院 木もれ陽 りゅうせんそうおくのいんこもれび

竜門峡に面した3階層になっている席から、すがすがしい緑と川が広がる渓谷美を観賞できる。竜門峡のまろやかな湧水を使った天然酵母のパンと、自家焙煎のコーヒーを、有田焼のうつわで楽しめる。

☎0955-41-2525 🏠有田町広瀬山甲2373-4 🕐11:30～16:00（ランチは12:00～14:30、販売は11:00～17:00）
🈺水・木曜 🅿あり 🚉JR有田駅から車で10分 MAP 103 A-3

三日月サンド 506円
一番人気の三日月パンにサラミ、カマンベールチーズ、ピクルスをサンドした、おしゃれなサンドイッチ

チーズパン 231円
たっぷりのチーズを包んで焼き上げたパン。仕上げのブラックペッパーがアクセントになっている

渓谷美が堪能できる竜門峡

龍泉荘 奥の院 木もれ陽が面する竜門峡は、春は桜、夏は深緑、秋は紅葉と、季節ごとの渓谷美を楽しむことができます。渓谷を流れる清らかな水は、「名水百選」「水源の森百選」に選ばれています。

ゆったりした時間が流れるやきもの工房＆カフェ
カフェグルニエ

中心街から少し離れた閑静な場所にあるやきもの工房に併設されたカフェ。靴を脱いで上がる店内は白を基調に、オーナー夫妻がリノベーションした居心地のいい空間。うつわを見ながらのんびりと過ごせる。

📞0955-43-3714 🏠有田町戸杓乙3220-1 🕐12:00〜17:00
㊡月〜木曜 🅿あり 🚶JR有田駅から車で5分 MAP99 D-4

① 自家焙煎ブレンドコーヒー 500円としあわせのチーズケーキ450円
② ひよこ豆のカレー 800円。スパイシーな大人向けの味
③ オーナー夫妻と話がはずむカウンター席

① 自然が広がる窓に面したカウンター席 ② 有田焼のうつわで提供するチーズインハンバーグ1350円〜 ③ 黒ゴマを使ったアイスとフルーツがのる定番の黒ごまパフェ 800円

窓いっぱいに広がるのどかな自然に癒やされる
カフェれすとらん こぱん

木々に囲まれた高台にあるカフェレストラン。大きな窓一面に広がる田園風景を眺めながら食事が楽しめる。自家栽培の野菜を使い、手作りを心がけたパスタやカレー、パフェなどのスイーツメニューがそろう。

📞0955-43-2880 🏠有田町戸矢乙1138-1
🕐11:00〜20:00 ㊡木・金曜（祝日の場合は営業）🅿あり
🚶JR有田駅から車で5分 MAP103 A-4

有田町の観光情報チェックは、有田観光協会のウェブサイト「ありたさんぽ」https://www.arita.jp/もおすすめです。

右端縦書き：有田／有田のゆったりカフェで過ごすひととき

有田らしさがつまった
おいしい味みやげ

有田焼とコラボした商品や名産品を使った
スイーツなど、有田らしさを感じられる
味みやげを集めてみました。

Ⓐ

有田焼プリン
1個980円
有田焼の器に入ったなめらかな
食感のプリン。うつわは李荘窯、
篠原渓山窯の2つの窯元の10種
類前後の中から選べる

有田器菓（ありたかっぷけーき）
1個1060円
渓山窯のうつわを使ったカップケ
ーキ。国産の和栗を使った栗、京都
の宇治抹茶を使用した抹茶、チョコ
の3種の味がある

Ⓐ

Ⓐ

ありたんセット 6個入2760円
有田陶器市のマスコットキャラクタ
ー「ありたん」とコラボした菓子。栗・
カシス・小豆餡の菓子と、ありたんを
印押ししたアーモンドサブレのセット

Ⓑ

あじょっぱ 4枚入140円・
8枚入250円
バターや卵を使っていない
塩ビスケット。ザクザクとし
た食感と、ほのかな甘さの
あとにくるしょっぱさがあと
を引く。黒ごまタイプの「ご
まじょっぱ」もある

Ⓑ

ベーグル 各120円〜
上から時計まわりに佐賀
の酪農家のチーズ、嬉野紅
茶ホワイトチョコ、プレー
ン、かぼちゃあずきクリー
ムチーズ。12種ほどあるベ
ーグルのなかで人気の高
い定番商品

Ⓐ **杏慕樹**
あんぼじゅーる

東京で修業したパティシエが手がけ
る洋菓子店。地元の食材で作るケー
キがそろう。有田焼のうつわに入っ
たプリンやカップケーキが人気。

☎0955-41-1122 🏠有田町丸尾丙1933-1
🕙10:00〜20:00 休水・木曜 Pあり ‼JR
有田駅から徒歩12分 MAP98 C-3

Ⓑ **ベーグルとお菓子の
お店 さわやま**
べーぐるとおかしのおみせさわやま

自家製ベーグルと無添加の菓子を販
売。商品作りからパッケージデザイ
ンも店主が手がけている。長時間発
酵させて作るベーグルは数量限定。

☎0955-42-5394 🏠有田町戸杓丙575-1
🕙10:00〜16:00 休月〜木曜 Pあり
‼JR有田駅から徒歩10分 MAP98 C-3

陶助おこし 1個90円、10個入900円～

原料に餅米を使い、それをあられ状にしたものを水あめと生ショウガであえた菓子。通常のおこしと違い、やわらかく、とろけるような食感が特徴

羽間右衛門クッキー 10枚入1500円

磁器を焼成する際、土台となる羽間(はま)を模したクッキー。味はシナモン、カルダモン、黒ゴマきな粉、アーモンド、ココナッツの5種

金柑大福、金柑パイ 各250円

有田産の金柑をじっくり甘露煮にし、白餡で包んだ金柑をさらに求肥で包んだしっとりした大福と、サクサク食感の生地で包んだパイ

黒みつごどうふ 3個入550円

豆乳、甘しょ葛、タピオカのでんぷんを使い、弱火で1時間ほど練りこんだなめらかなごどうふと黒蜜がマッチして、デザート感覚で食べられる

Ⓒ 高島豆腐店
たかしまとうふてん

創業1931（昭和6）年の豆腐店。木綿豆腐や厚揚げなどのほか有田名物の「ごどうふ」を製造販売している。

☎0955-43-2463 🏠有田町岩谷川内2-9-7
🕐8:30～17:00頃 🈚無休 🅿あり
🚉JR有田駅から徒歩10分 MAP 99 D-3

Ⓓ 前田陶助堂
まえだとうすけどう

創業以来100年以上、地元で親しまれる菓子舗。やわらかい餅おこし「陶助おこし」を創業から変わらず手作りしている。

☎0955-42-4411 🏠有田町泉山1-16-12
🕐8:00～11:00、14:00～16:00（土・日曜、祝日は8:00～18:00）🈚無休 🅿あり 🚉JR上有田駅から徒歩10分 MAP 99 E-2

Ⓔ 吉永菓舗
よしながかほ

プリン、ケーキなどの洋菓子や、大福や餅などの和菓子を作る菓子店。季節によってフレーバーが変わるジェラートも好評。

☎0955-42-3521 🏠有田町南原甲92-7
🕐9:00～19:00 🈚火曜 🅿あり 🚉松浦鉄道三代橋駅から徒歩8分 MAP 98 C-2

ベーグルとお菓子のお店 さわやまは、金曜から日曜のみオープン。午前中に売り切れることもあるので、早めの来店がおすすめです。

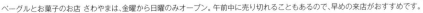

重箱御膳や伊万里牛ハンバーグで
伊万里牛のおいしさを堪能

伊万里の名物グルメといえば、伊万里牛。
伊万里牛料理を伊万里焼の重箱で提供する重箱御膳や
伊万里牛ハンバーグなどで、伊万里牛グルメを堪能しましょう。

A5ランクの伊万里牛を使った伊万里牛ステーキ重2750円。ほどよく脂が
のった牛肉に、継ぎ足して使う秘伝のタレがからむ

伊万里牛ハンバーグのプレートランチ1815円。エビフライや揚げ物もあっ
て、ボリュームたっぷり。スープとコーヒーが付く

入り口の先にある階
段を上った2階

有田焼や地元作家の絵画などを飾った店内

緑をモチーフにした外
観が目印

小上がりやカウンター、テーブル席がある

古陶磁に囲まれたレトロな喫茶店
伊万里ロジエ いまりロジエ

創業1963(昭和38)年の喫茶店。
伊万里牛の料理を伊万里焼や有
田焼のうつわで提供。季節のパ
フェも人気がある。やきものの蔵
だった建物を改装した店内には、
国内外の貴重な陶磁器が並ぶ。

レストラン　📞0955-23-
3289 🏠伊万里市伊万里
町甲567
🕐10:00〜17:00
㊡不定休 🅿あり
🍴JR伊万里駅から徒歩
5分 MAP 100 B-2

メニュー豊富なナチュラルテイストのレストラン
風の丘 かぜのおか

つなぎなしでA5ランク以上の上
質な伊万里牛100%のハンバー
グが人気。昼はコース料理を中
心にカレーやパスタなど多彩な
メニューがあり、夜は単品料理が
充実する。

レストラン　📞0955-22-
6910 🏠伊万里市伊万里
町甲481-2
🕐11:00〜15:00、17:00
〜21:00 ㊡水曜 🅿なし
🍴JR伊万里駅から徒歩3
分 MAP 100 B-2

伊万里／伊万里牛のおいしさを堪能

伊万里牛のあぶりがのる伊万里牛ステーキと伊万里牛サラダが味わえる佐賀牛御膳3520円（要予約）。醤油かドレッシングで食べる

130gの伊万里牛のサイコロステーキに、スープ、サラダ、ライスが付くダ・ジュールステーキセット3000円

店内は和室の個室がメイン

寿司8貫がメインの天寿司ランチ1870円も人気

欧風のかわいらしい外観

仕切りのあるテーブル席をメインに、カウンターもある

海鮮処で味わう贅沢な伊万里牛ステーキ
小次郎寿司 こじろうずし

広々とした店内に個室やテーブル、和室の個室などがある日本料理店。にぎりや海鮮丼、イカの活き造りなどの魚介料理を豊富にそろえ、リーズナブルに提供している。

寿司店　☎0955-23-8196　🏠伊万里市木須町4669-1　🕚11:30～13:30、17:00～21:00（祝日は～20:00）　🈂月曜、第1・3火曜（要確認）　🅿あり　🚃JR伊万里駅から車で8分　MAP 100 A-1

昔ながらの雰囲気が漂う欧風喫茶店
カフェ&レストラン ダ・ジュール

コーヒー専門店として1973（昭和48）年に創業して以来、地元客に愛されるカフェレストラン。伊万里焼の器で提供する伊万里牛ハンバーグやステーキが好評。地元に精通した主人との会話も楽しい。

カフェ　☎0955-22-5110　🏠伊万里市新天町475-45　🕚11:00～20:00（変更の場合あり）　🈂火曜（祝日の場合は翌平日休）　🅿あり　🚃JR伊万里駅からすぐ　MAP 100 B-2

伊万里ロジエのマロンパフェは、9～11月のみの数量限定メニュー。時期が近付くと「まだですか？」とたずねるお客さんがいるほどの人気メニューです。

プチリッチなランチをいただきます
伊万里のすてきなレストラン

伊万里を訪れたら、伊万里牛をはじめとする旬の食材を
使った、見た目も華やかなランチがおすすめ。
雰囲気のいいレストランで、ちょっと贅沢しましょう。

しっとりした
和の空間が楽しめる
櫓庵治
ろあじ

和をテーマにした個室や座敷、テーブル席などで、創作和食が味わえる。お櫃のなかに旬の味が並ぶ「味覚膳」や伊万里牛ステーキなどが人気。アレンジのきいた旬の食材と、かまどで炊いたごはんが食べられる。

和食 📞0955-20-4636 🏠伊万里市新天町720-9 🕐11:30～14:30、17:30～21:00 🈁無休 🅿あり
🍴JR伊万里駅から徒歩10分
MAP 100 B-2

menu
味覚膳 1700円
ステーキ膳 4200円
ハンバーグ膳 1700円

日本庭園を望める

■1旬の御膳に刺身か天ぷら、黒豚が付く四季彩2300円 ■2中庭を囲むように座敷や個室がある ■3かまどがあるカウンター席 ■4最大42名まで入れる個室

menu
まんぷく御膳(入浴券付) 1000円
ハンバーグ定食 850円
温泉ちゃんぽん 800円

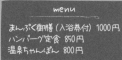

■1肉厚の熟成とんかつ、ごはん、味噌汁、小鉢、漬物が付く「極とんかつ膳」1000円 ■2子連れでも安心の座敷席 ■3広々としたテーブル席 ■4伊万里温泉 白磁乃湯内にある

人気を集める
温泉施設の食事処
白磁亭
はくじてい

15種の風呂とサウナなどがある入浴施設、伊万里温泉白磁乃湯内にある食事処。広々とした座敷とテーブル席があり、湯上がりの休憩にぴったり。御膳や定食、麺類、丼などがそろう。

和食 📞0955-22-6380(白磁乃湯) 🏠伊万里市立花町2402-1 🕐11:00～21:00 🈁不定休 🅿あり 🍴バス停伊万里温泉前からすぐ MAP 100 B-3

伊万里温泉 白磁乃湯

白磁亭がある伊万里温泉 白磁乃湯は800円で入浴できます。「白磁の湯」「青磁の湯」を主浴に、露天風呂などがあり、入浴時間は10:00〜21:30です。

本格的なコース料理が気軽に楽しめる和フレンチ
伊万里厨酒房 彩香
いまりくりしゅぼうさいか

伊万里を中心に地産地消を重視した材料を使って、フレンチに「和」を取り入れた料理に仕上げる。ランチ、ディナーともに、彩りや香りが豊かなメニューを居心地のよい空間で味わうことができる。

洋食 ☎0955-22-8228 ✿伊万里市伊万里町甲461 ⏰11:30〜14:30、18:00〜21:00（ディナータイムは要予約）🈹火曜 Ｐあり
‼JR伊万里駅から徒歩3分
MAP 100 B-2

menu
ランチコース 2200円〜
ディナーコース 3850円〜

ひと皿、ひと皿に心をこめて

1 料理は季節によって内容が変わる（写真はイメージ）2 シェフのこだわりプリン 3 木々に囲まれたスタイリッシュな外観 4 少人数の個室は大人数用の広間にもなる

menu
伊万里牛ビーフシチュー 2000円
おまかせレディースセット 2000円
平日ランチ 1200円

1 伊万里牛ハンバーグステーキセット1600円 2 レンガ色が目印の洋風の外観 3 カジュアルな雰囲気のテーブル席 4 伊万里牛赤身ステーキ2600円

伊万里牛ハンバーグが人気の洋食店
レストラン 石けり
レストランいしけり

地元で愛される家庭的な雰囲気の洋食店。鮮度の高い伊万里牛100%を自家びきして作るハンバーグが評判で、スジ肉や野菜を煮込んだデミグラスソースがマッチする。伊万里牛を使ったビーフシチューやステーキもある。

洋食 ☎0955-23-3922 ✿伊万里市二里町大里乙203-3 ⏰11:00〜14:30（土・日曜、祝日は17:00〜19:30も営業）🈹月・火曜（祝日の場合は営業）Ｐあり
‼JR伊万里駅から車で8分 MAP 100 A-3

伊万里厨酒房 彩香では、伊万里産の朝どれ卵を使った「シェフのこだわりプリン」も大人気。贈り物やおみやげにもおすすめです。

趣のある老舗で逸品をセレクト
伊万里でおみやげショッピング

伊万里には、上質な銘菓や銘酒を提供する
和菓子店や酒蔵など歴史ある店がたくさんあります。
老舗ならではの一品をおみやげとして持ち帰りましょう。

エトワール・ホリエ駅南店
エトワールホリエえきみなみてん

伊万里の伝統文化を大切にした菓子づくりを心がけている。伊万里焼饅頭は、ほっくりとした黄身餡を味わい深い皮で焼き上げた銘菓。季節に応じた楽しい菓子もそろう。

📞0955-23-1240 🏠伊万里市新天町475-19 🕐10:00～19:00 🈚無休 🅿あり
🍴JR伊万里駅から徒歩5分
🗺100 B-2

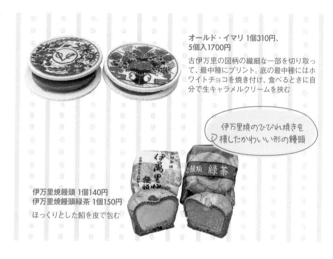

オールド・イマリ 1個310円、
5個入1700円

古伊万里の図柄の繊細な一部を切り取って、最中種にプリント。底の最中種にはホワイトチョコを焼き付け、食べるときに自分で生キャラメルクリームを挟む

伊万里焼のひびわれ焼きを模したかわいい形の饅頭

伊万里焼饅頭 1個140円
伊万里焼饅頭緑茶 1個150円

ほっくりとした餡を皮で包む

古伊万里酒造
こいまりしゅぞう

1909（明治42）年から酒造りを営む老舗の酒蔵。人気のあるカップ酒NOMANNEは、古典的な模様を描いた磁器のカップに、地元産の酒米を醸造した純米酒が入る。

📞0955-23-2516 🏠伊万里市二里町中里甲3288-1 🕐9:00～17:00 🈡日曜、祝日
🅿あり 🍴松浦鉄道夫婦石駅から徒歩15分 🗺100 A-4

華やかな有田焼で至福の一杯を楽しむ

NOMANNE（ノマンネ）1本2200円

牡丹や唐草などの模様がある

お菓子でできた伊万里焼の壺
エトワール・ホリエ駅南店では、ガムペーストで作った壺に色鍋島様式、古伊万里様式、柿右衛門様式の図柄が描かれた作品を展示しています。3つの異なる様式の見比べができます。

ふんわりくっきい伊万里梨 486円
米粉でできたクッキー。伊万里梨のほか、4種類がある。2017年全国菓子博厚生労働大臣賞受賞

鍋島藩窯まんじゅう
1個150円
北海道産の小豆を挟んだ和風のブッセ

地元の食材を使った
和洋折衷の創作菓子

さかえ菓子舗
さかえかしほ

創業50年の老舗菓子店。梨、イチゴ、黒米、茶、梅など、地元の農産物などを使った菓子を作る。饅頭から焼菓子まで、和洋を問わない商品を幅広くとりそろえている。

☎0955-22-3613 ⬆伊万里市立花町1604-138 🕘9:00 ～ 20:00 ㊡不定休 Ｐなし 🚌松浦鉄道伊万里駅から車で5分 MAP100 B-3

老舗の酒蔵が造る
和リキュール&吟醸酒

プリュム(古城梅) 720㎖ 1850円
伊万里産の古城梅(こじろううめ)を日本酒で仕込んだ和リキュール

純米吟醸松浦一 720㎖ 1900円
口当たりがやわらかく、とくに女性の人気を集める吟醸酒

松浦一酒造
まつうらいちしゅぞう

有田の井戸水と、佐賀県産を中心に厳選した米で甘みのある純米酒を造る。1716（正徳6）年創業の酒蔵には、昭和期まで使っていた酒造り道具を展示している。

☎0955-28-0123 ⬆伊万里市山代町楠久312 🕘9:00 ～ 17:00 ㊡無休 Ｐあり 🚌松浦鉄道楠久駅から徒歩9分 MAP103 A-3

松浦一酒造には、守り神である河童のミイラとされるものをはじめ、たくさんの河童コレクションが並んでいます。

やきもの工房を併設するカフェグルニエ☞P.49のコーヒーとチーズケーキ

伊万里焼の重箱で提供する伊万里ロジエ
☞P.52の伊万里牛ステーキ重

約2500客もの有田焼、伊万里焼のカップに
囲まれたギャラリー有田☞P.47

龍泉荘 奥の院 木もれ陽☞P.48のラテアート。
九州大会で優勝した主人が繊細なタッチで描く

有田・伊万里では、カフェやレストランでも
やきものをよく見かけます。

ひとくくりに有田焼、伊万里焼といっても色合いや風合いはさまざまですが、
そのお店になじむうつわ使いはやきものが息づく町に暮らす人々ならでは。

それは、まるで旅の風景の一部のような
すてきな佇まいです。

武雄・嬉野

歴史を感じる楼門がシンボルの武雄温泉と
日本三大美肌の湯として有名な嬉野温泉。
佐賀を代表する2大温泉地は、見どころも
点在していて周辺散策も楽しめます。
見ごたえのある武雄の庭園やギャラリーにも注目です。
散策のあとは、じっくり名湯に浸かって
心と体をリラックスさせましょう。
おみやげにはうれしの茶や銘菓がおすすめですよ。

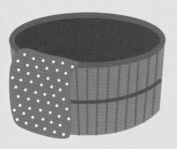

武雄・嬉野を
さくっと紹介します

武雄温泉駅と長崎駅を結ぶ西九州新幹線「かもめ」の運行により、佐賀の2大温泉郷としてますます注目を集めている武雄と嬉野。それぞれの玄関口となる駅の機能も充実して、にぎわっています。

旅のスタートは武雄温泉駅・嬉野温泉バスセンターから

武雄温泉駅

西九州新幹線の長崎方面への起点となる駅。観光パンフレットなどをもらえる併設の観光案内所にはレンタサイクルの貸し出しもあります。
武雄温泉駅観光案内所 ☎0954-22-2542

嬉野温泉バスセンター

バスセンターに観光案内所を併設。交通アクセス、旅館案内、イベント情報などの案内のほか、パンフレットなども取りそろえています。
嬉野温泉観光協会 ☎0954-43-0137

武雄に着いたら

武雄温泉駅周辺から徒歩15分圏内に見どころが点在しているので、徒歩でめぐるか、駅構内にあるレンタサイクルを利用するのもおすすめ。車で5分ほどの場所にある慧洲園や御船山楽園に足をのばすなら、駅レンタカーやタクシーがあります。

武雄温泉 旅 書店と武雄温泉駅観光案内所

駅の南口にある「武雄温泉 旅 書店」は、旅に関する本をはじめ、西九州の特産品を販売。カフェバーもあります。北口の観光案内所には、武雄のやきものや武雄ならではのみやげが並んでいます。

エリア内の移動手段

タケちゃり

武雄温泉駅観光案内所や武雄温泉大衆浴場の楼門など5か所で貸し出しするレンタサイクル。市内の宿泊者に限り、2日間の連日貸し出しも可能。レンタサイクルを利用すると、観光案内所の荷物預かりが無料に。
¥一日1000円

レンタカー

武雄温泉駅周辺に数店舗あります。時間の制約なく、このエリアをめぐりたいなら、レンタカーがおすすめ。

バス

武雄温泉駅周辺をいくつかの路線バスが運行しています。主なスポットは祐徳バスがカバーしています。

嬉野に着いたら

バスセンターから徒歩圏内の場所に観光スポットやおみやげ店があるので、徒歩でめぐれます。旅館は、送迎を行っているところもあるので、宿泊先に確認してみましょう。

エリア内の移動手段

観チャリ

観光案内所で貸出しているレンタサイクル。5台限定で一日500円（電動自転車は1000円）。

バス

西肥バスとJRバス、祐徳バスが運行しています。時間帯や行きたい場所から最寄りのバス停を事前にチェックしておくのがおすすめ。

夫婦岩がそびえる
雄大な景色が広がる

P.26 黒髪山
くろかみやま

標高516m。山頂までは歩いて約1時間30分で眺めが格別。山の麓には窯元や自然豊かな公園などが点在する。

こちらもチェック

武雄～嬉野間を結ぶ JR九州バス

武雄温泉駅から嬉野温泉バスセンターまで約40分でつなぐ便利な路線バス。1時間に1、2本運行し、運賃は片道670円。

楼門が
町のシンボル的な
大衆浴場
武雄温泉大衆浴場 P.63
たけおおんせんたいしゅうよくじょう

楼門と新館が目を引く建物
に、江戸期に造られた貸切風
呂や大浴場があり、地元の人
にも古くから愛されている。

嬉野温泉駅に注目
西九州新幹線の開通により誕生した「嬉野温泉
駅」。駅から嬉野温泉街まではタクシーで5分ほど。
駅の西口側には「道の駅 うれしの まるく」や宿泊
施設があります。

スケールの大きな
複合図書館
武雄市図書館
・歴史資料館
たけおしとしょかんれきししりょうかん P.62

吹き抜けの造りが印象的な
図書館。書店とカフェを併
設していて、観光客の利用
も多い。

とろとろの
美肌の湯に浸かれる
嬉野温泉 P.68・72
うれしのおんせん

日本三大美肌の湯のひとつ
として、とくに女性に人気。日
帰り入浴やおしゃれな宿で
の宿泊など幅広く楽しめる。

武雄・嬉野／武雄・嬉野をさくっと紹介します

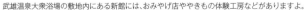
武雄温泉大衆浴場の敷地内にある新館には、おみやげ店ややきもの体験工房などがありますよ。

注目の名所から名物温泉まで
武雄をぐるりおさんぽ

武雄温泉駅周辺には
注目度の高い名所から歴史ある名物湯まで、見どころがいっぱい。
おなかがすいたら人気のランチやスイーツもありますよ。

1 武雄温泉駅
たけおおんせんえき

武雄温泉の旅の起点はここ

武雄温泉街への観光の起点。駐車場や観光案内所を完備するほか、売店、おみやげ販売店などを併設している。

🚉 ☎0954-22-2542（武雄温泉駅観光案内所）
🅿 あり MAP 101 B-1

レンガ造りの外観が特徴

観光案内所では一日
1000円でレンタサイクルを貸し出している

3 武雄神社
たけおじんじゃ

樹齢数千年の
大楠が見守る神社

主祭神は長寿の神様といわれる武内宿禰。ほかに、開運や厄除けにもご利益があるとされる。境内には根元でつながった「夫婦檜」や樹齢3000年のご神木「武雄の大楠」がある。

⛩ ☎0954-22-2976 🏠武雄市武雄町武雄5327 🕘境内自由（授与所が9:00～17:00）🈺無休 🅿あり
‼JR武雄温泉駅から車で5分
MAP 101 B-2

樹根に
天神様を祀る

■1高さ30m、根回り20mの巨木「武雄の大楠」■2武雄市内ではもっとも古いといわれる創建735年

2 武雄市図書館・歴史資料館
たけおしとしょかんれきししりょうかん

© Nacasa & Partners

カフェと書店を備える複合図書館

カフェと蔦屋書店を併設した図書館。週末は県外からの利用者も多い。ジャンル分けや配置を凝らした館内に、約25万冊の本がそろう。歴史資料館では不定期に企画展を開催。

📚資料館 ☎0954-20-0222 🏠武雄市武雄町武雄5304-1 🕘9:00～21:00 🈺無休 🅿あり ‼JR武雄温泉駅から徒歩15分 MAP 101 B-2

■1本に囲まれた書斎をイメージした空間 ■2隣接している武雄市こども図書館 ■3和紙と竹でデザインされた光の入る天井 ■4TAKEOオリジナルトートバッグ990円

ぐるっと回って
5時間

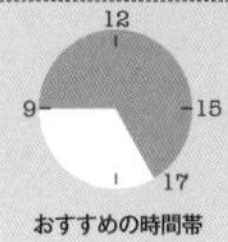

おすすめの時間帯

初めに武雄市図書館・歴史資料館、武雄神社などの名所をめぐったら、ランチへ。武雄のシンボルにもなっている温泉浴場で入浴したら、駅にある売店で湯上がりスイーツを。

九州駅弁グランプリで3連覇の駅弁

武雄温泉駅内の「武雄温泉駅カフェ カイロ堂」MAP 101 B-1では、九州駅弁グランプリで3年連続優勝した駅弁が人気。A5ランクの佐賀牛を使った極上カルビ焼肉弁当と、すき焼き弁当があります。

4 月の音
つきのね

バランスと手作り感が魅力の創作ランチ

和食を中心に、家庭的な創作料理を提供する。靴を脱いで上がる店内は、女性一人でも気軽に入れる雰囲気。有田・武雄のやきもので提供するランチは野菜たっぷりで、ヘルシーな内容。

創作料理 ♪0954-23-5398 ⌂武雄市武雄町昭和11-1 ⏲11:30～15:00 休日・月曜 Pあり JR武雄温泉駅から徒歩5分 MAP 101 B-1

1プリプリ海老の創作フライランチ1100円 2仕切りのある掘りごたつやカウンター席がある 3落ち着きのある佇まい

5 武雄温泉大衆浴場
たけおおんせんたいしゅうよくじょう

朱塗りの楼門がシンボル

竜宮城を思わせる楼門が建つ。鍋島藩武雄領主が入浴した「殿様湯」、重鎮の家臣が入った「家老湯」などの貸切風呂、大浴場、宿泊施設に併設した「鷺乃湯」がある。

温泉 ♪0954-23-2001 ⌂武雄市武雄町武雄7425 ⏲鷺乃湯・元湯6:30～23:00（蓬莱湯は～20:30）、殿様湯・家老湯・柄崎亭10:00～22:00 休無休（12月中旬メンテナンス休業あり） ¥入浴料 元湯・蓬莱湯500円、鷺乃湯740円、殿様湯1室1時間4300円、家老湯1室1時間3500円、柄崎亭1室1時間3800円 Pあり JR武雄温泉駅から徒歩15分 MAP 101 A-1

1重要文化財に指定されている楼門 2殿様湯に付く個室の休憩室 3江戸中期に造られた殿様湯の浴槽は総大理石 4あつ湯とぬる湯がある大浴場の元湯

6 佐嘉平川屋 武雄温泉本店
さがひらかわやたけおおんせんほんてん

武雄温泉大衆浴場前に建つ温泉湯どうふの名店

温泉湯どうふで有名な佐嘉平川屋のフラグシップショップ。レストランでは温泉湯どうふのコース料理、カフェでは豆乳パフェなどのデザートが味わえる。足湯を併設し、豆腐の購入もできる。

複合施設 ♪0954-27-8481 ⌂武雄市武雄町武雄7411 ⏲10:00～16:30（カフェは9:00～17:30） 休無休 Pあり JR武雄温泉駅から徒歩15分 MAP 101 A-1

温泉湯どうふのコース料理「温泉湯豆腐御膳 華」3000円

建物は和モダンな設計

武雄市図書館・歴史資料館は、ちょっとした休憩にもおすすめ。宅配返却を利用すれば、旅行者も本が借りられますよ。

スケールの大きさに感動
武雄のアートスポット

武雄には、御船山を借景にした庭園や黒髪山の麓に建つ
ギャラリーなど、自然美に溶け込むアートスポットがあります。
壮大な自然の中でじっくりとアートにふれてみましょう。

1石組みから流れる滝と茶畑が配される美しい日本庭園 **2**やきものを中心に季節で展示が変わる **3**春は桜やツツジ、秋は紅葉が見られる **4**松の木で造られた一枚板のカウンターがみごとな茶屋 **5**夏と秋は庭園ライトアップを実施

御船山を借景に壮大な自然美を鑑賞できる

陽光美術館・慧洲園 ようこうびじゅつかんけいしゅうえん

3000坪の敷地に大小の滝や池、茶畑などを配した池泉回遊式庭園。昭和期の大造園家、中根金作が作庭したダイナミックな石組みと

御船山の借景が見どころ。池に浮かぶように建つ美術館では、中国の古陶磁器が見られる。敷地内の茶屋では、抹茶（有料）が味わえる。

庭園 📞0954-20-1187 🏠武雄市武雄町武雄4075-3 🕙10:00
～16:00 🈺水曜 庭園券600円、美術館券600円、共通券1000
円 🅿あり 🚶JR武雄温泉駅から車で5分 MAP 101 A-2

やきもののアクセサリーづくり体験

毎日、午前10時から午後4時まで陶磁器のかけらやパーツを使ってのアクセサリーづくり体験を実施。好みの陶片を選んで、イヤリングやピアス、ヘアゴムなどのアクセサリーの部品を付けるだけなので楽しくて簡単。

陶片アクセサリーづくり体験は1000円

① 色とりどりのツツジが共演する庭園

御船山楽園 みふねやまらくえん

御船山の切り立った断崖を背景に広がる15万坪の広大な庭園。幕末に京都から絵師を招いて造園したもので、2000本の桜、20万本のツツジなどおよそ140種の木々が植栽される。

庭園 ♪0954-23-3131（御船山楽園ホテル）⌂武雄市武雄町武雄4100 ◎8:00～17:00（イベント期間は変動あり）休無休 ¥500円（イベント期間は変動あり）Pあり ‼JR武雄温泉駅から車で5分 MAP101 A-2

① 赤、白、ピンクの久留米ツツジが一面に広がる春がベストシーズン ② 園内の茶屋でいただける粉茶と串団子500円。春まつり、紅葉まつり期間中のみ販売 ③ イベント期間中、夜は園内がライトアップされる

神話が残る黒髪山を目前にするギャラリー

YUKI HAYAMA STUDIO GALLERY & CAFÉ 516

ユウキハヤマスタジオギャラリーアンドカフェゴイチロク

陶芸家・葉山有樹さんの作品を展示するギャラリー兼カフェ。自作の絵本や小説をもとにしたストーリー仕立ての作品は、一色ごとに焼いて色を重ねる繊細な作風が特徴。

ギャラリー・カフェ
♪0954-45-0520
⌂武雄市山内町宮野小路1456 黒髪の森温泉そば ◎11:00～17:00（カフェは～16:00）
休月曜（祝日の場合は翌日休）
¥入館無料 Pあり ‼JR武雄温泉駅から車で25分 MAP27

葉山さんの手描きの陶磁器を使った看板

カフェで味わえるシフォンケーキセット 800円

① 文様を取り入れた美術品が並ぶ ② 作品の構想として執筆した絵本「魚になった少女」

広大な敷地に建つYUKI HAYAMA STUDIO GALLERY & CAFÉ 516。駐車場から入り口までは100mほどのスロープを上ります。

もてなしの空間と名湯を楽しむ
武雄温泉で心も体もリフレッシュ

1300年前の書物にも記されている歴史ある武雄温泉。
かつての著名人たちも入浴した名湯をたたえる風呂と、
各宿の洗練されたもてなしの空間に身をゆだねましょう。

アンティーク調の宿で名湯を楽しむ
大正浪漫の宿 京都屋
たいしょうろまんのやどきょうとや

アンティークオルゴールの音色に包まれたロビーは大正ロマンあふれる空間で、日常を忘れられる贅沢な時間が流れる。自慢の自家源泉は女性におすすめの美人の湯で、無色透明でとろりとした泉質。火・水曜は休館。

☎0954-23-2171
⌂武雄市武雄町武雄7266-7
🕐IN15:00、OUT10:00
🛏和30 🅿あり
🚃JR武雄温泉駅から徒歩10分
MAP 101 A-1

料金プラン
素泊まり 10000円～

1客室はすべて和室
2女性用の露天風呂。内風呂はひと晩中入浴できる
3ジャズが流れるラウンジ
4海外製のオルゴールや蓄音機を置いたロビー

洗練されたデザイン空間を楽しむ森の離れ
奥武雄温泉 風の森 おくたけおおんせんかぜのもり

母屋から数百メートル離れた山の上に、11棟の離れが建つ。客室棟へはカートで移動し、プライベート性が重視されている。各客室には、趣の異なる露天風呂をしつらえ、北欧と和が融合したモダンなインテリア。

料金プラン
1泊2食付き 38500円～

☎0954-20-6060
⌂武雄市西川登町小田志17275 🕐IN15:00、OUT12:00
🛏和洋8、洋3 🅿あり
🚃JR武雄温泉駅から車で15分
MAP 103 B-4

1名作の椅子が上質のくつろぎ空間を演出するラウンジバー
2広いウッドデッキに開放的な檜露天風呂がある客室「天」
3敷地内はゴルフカートで案内
4客室「森」の石の露天風呂

もてなしの心が息づく閑静な料理旅館
懐石宿 扇屋 かいせきやどおうぎや

創業1905（明治38）年の老舗宿。有名料亭で修業した主人が作る懐石料理は、頃合いを見て一品ずつ客室に運ばれる。客室は和モダンや北欧スタイル、茶室を備えるタイプなど、それぞれ異なるテイストが楽しめる。

📞0954-22-3188
🏠武雄市武雄町武雄7399
🕐IN15:00、OUT11:00
🛏和6、洋1 🅿あり
🍴JR武雄温泉駅から徒歩12分
MAP 101 A-1

夕食の前菜、造り、煮物の一例

1北欧スタイルの客室 2清風の間にある暖炉スペース 3清風の間に付く専用露天風呂

料金プラン
1泊2食付き
30950～57350円

四季を彩る大庭園をもつ格調高いホテル
御船山楽園ホテル みふねやまらくえんホテル

約15万坪の広大な回遊式庭園内にあるホテル。客室は日本庭園に面した和室や、鍋島家別邸として建てられた内庫所などがある。内風呂と露天風呂がある大浴場には、ドライサウナと喫茶室を併設している。

📞0954-23-3131
🏠武雄市武雄町武雄4100
🕐IN15:00、OUT10:00
🛏和36、洋1 🅿あり
🍴JR武雄温泉駅から車で5分 MAP 101 A-2

佐賀牛のせいろ蒸しが付く夕食プランは人気が高い

1透明でやわらかな湯ざわりが特徴の大浴場「らかんの湯」2鍋島家第11代直大の居間として使われた「老松の間」

料金プラン
1泊2食付き 19800円～

御船山楽園ホテルに宿泊すると、御船山楽園 ➡P.65を望む茶屋バーを利用することができます。

日本三大美肌の湯
嬉野温泉でてくてく湯めぐり

1300年以上前から美肌の湯として親しまれる
嬉野温泉。立ち寄り湯から美肌の神社まで、
美肌を目指して湯めぐりにでかけましょう。

ぐるっと回って **4時間**

陶器の風呂や急須で湯が注がれる浴場、昔から親しまれる町のシンボル的な公衆浴場など、嬉野温泉ならではの湯めぐりを楽しんで。足湯や美肌の神社にも立ち寄ってみましょう。

おすすめの時間帯

1 嬉野温泉公衆浴場「シーボルトの湯」
うれしのおんせんこうしゅうよくじょうシーボルトのゆ

オレンジ屋根の市民のオアシス

大正時代から続く古湯温泉を改装
した公衆浴場。男女別の大浴場と
さわやかな香りが漂う檜風呂など5
つの貸切風呂がある。

入浴施設 ☎0954-43-1426
🏠嬉野市嬉野町下宿乙818-2
🕐6:00〜22:00 休第3水曜（祝日の場合
は翌日休）¥入浴料450円 ℗なし
🚻嬉野温泉バスセンターから徒歩7分
MAP 69

欧風のシャンデリアや
エメラルドグリーンの
あしらい方が印象的な
吹き抜けのロビー

オレンジ色の屋根が
目を引く外観

陶板に描かれた壁画
が目を引く白を基調
とした大浴場

2 茶心の宿 和楽園
ちゃごころのやどわらくえん

うれしの茶入りの露天風呂でリラックス

名物は「露天茶風呂」。うれしの茶入りの急
須から注がれるお茶エキスたっぷりの美肌
の湯で贅沢な入浴のひとときを。

入浴施設
☎0954-43-3181
🏠嬉野市嬉野町下野甲
33 🕐11:30〜20:00（火
曜は15:00〜）
休不定休
¥入浴料1000円（貸切
風呂は50分3500円）
℗あり 🚻嬉野温泉バス
センターから徒歩10分
MAP 69

うれしの茶を浸した露天風呂「緑泉」

嬉野温泉MAP
周辺図◐P.101下図

1:7,500

武雄

温泉区

東彼杵

34

徒歩3分

嬉野IC

バスセンター
嬉野温泉バスセンター

清流 H

風月堂 P.75

P.69 P.69
豊玉姫神社 R 宗庵よこ長

P.25 224 shop+saryo S

湯宿広場「足湯・足蒸し湯」

P.70
CHAYA6JIZOU
produced by
中島美香園
P.74 中島美香園 S

P.69 悠然の湯
創業天保元年 旅館大村屋 H S
P.72・74

H 入船荘

一枚岩の石風
呂と樽風呂が
ある貸切風呂
「つゆくさ」

3 悠然の湯
ゆうぜんのゆ

有田焼の陶器風呂が名物

有田の窯元による陶製の湯船を置いた貸切風呂が人気の入浴施設。嬉野市の花である藤が描かれた陶器風呂のほか、檜の浴槽などもある。

[入浴施設] 📞0954-42-1216
（悠然の宿 東海）
🏠嬉野市嬉野町下宿乙871-5
🕐10:00～19:00
㊡不定休 💴入浴料2名50分2800円
🅿あり 🚌嬉野温泉バスセンターから徒歩5分 MAP 68

直径90cmほどの陶器の浴槽が並ぶ「藤の花」

陶器と檜の浴槽がある「菊の花」

4 宗庵よこ長
そうあんよこちょう

温泉湯どうふ発祥の店

嬉野名物の「温泉湯どうふ」は、この店の先代が発案。温泉の成分が豆腐のにがりに作用してトロリとやわらかくなり、豆腐のこくとうまみが際立つ。

[飲食店] 📞0954-42-0563
🏠嬉野市嬉野町下宿乙2190
🕐10:30～15:00、17:30～20:30
㊡水曜（祝日の場合は振替休あり）
🅿あり 🚌嬉野温泉バスセンターから徒歩3分 MAP 68

湯どうふ定食990円

5 豊玉姫神社
とよたまひめじんじゃ

美肌の神様にお参り

美肌の神様、豊玉姫大神を祭神とする神社。白磁の「なまず様」に水をかけて祈願し、嬉野温泉に入るとすべすべの美肌になるとか。

[神社] 📞0954-43-0680
🏠嬉野市嬉野町下宿乙2231-2
🕐境内自由 🅿なし
🚌嬉野温泉バスセンターから徒歩5分
MAP 68

Ⓢ橋爪菓子舗 P.74
ⒸⓈうれし庵 P.71・75

♨シーボルトの足湯
♨嬉野温泉公衆浴場「シーボルトの湯」P.68

嬉野市
P.68 茶心の宿 和楽園♨

なまずの絵馬に祈願を書いて奉納できる

温泉街に鎮座する神社

白いなまず様は肥前吉田焼の白磁製

悠然の湯に入浴するときは、隣接する「悠然の宿 東海」で受付をしましょう。

ほのかな甘みと香りが魅力です
"お茶"を楽しむ嬉野のカフェ

570年以上前から茶を生産するお茶の里嬉野には、
上質なうれしの茶を楽しめるカフェがあります。
カフェスペースでじっくりその旨みを味わってみて。

1 うれしの玉露880円は手順に沿って自分で茶を淹れる体験型メニュー **2** 全4種ある「嬉野茶ジェラート」各450円～ **3** 庭を望む小さなカフェスペース **4** 和の趣を感じる箱庭がある

茶園プロデュースのカフェ
CHAYA6JIZOU produced by 中島美香園
チャヤロクジゾウプロデュースドバイなかしまびこうえん

直営の茶園をもち、摘み取りから加工までを行なう中島美香園のショップに併設のカフェ。うれしの茶や抹茶のスムージー、抹茶やほうじ茶を使ったジェラートが味わえる。ショップでは、隣接する工場で製造した茶葉を買うことができる。

☎0954-42-0372（中島美香園）
⌂嬉野市嬉野町下宿乙2199
🕐10:00～16:30（ショップは～17:00）🈶水曜 🅿あり 🚍嬉野温泉バスセンターから徒歩5分
MAP68

キュートな
パッケージ

各種あるティーバッグは2.5g×7個で540円

季節限定の嬉野茶ジェラート
CHAYA6JIZOU produced by 中島美香園で販売する嬉野茶ジェラートは、定番の緑茶や抹茶に加えて、フレッシュヨーグルトやハニーミルクなど、季節限定のフレーバーも登場。店頭で確かめてみてくださいね。

2 香り高いうれしの茶を
カフェメニューで
うれし庵 うれしあん

100年以上続く呉服店の中にあるカフェとケーキの店。カフェでは生産者から直接仕入れた茶葉を使ったアイスクリームやパフェ、ドリンクなどが人気を集める。

☎0954-42-0038（山下呉服店）
⌂嬉野市嬉野町下宿乙769
🕐10:00〜18:00 ㊡日・月曜、木曜 Ｐあり 🚌バス停ユースポ入口から徒歩5分 MAP 69

1自家製のアイスがおいしい抹茶パフェとほうじ茶パフェ各880円 **2**嬉野の抹茶100%の「お濃茶モンブラン」615円 **3**ケーキなどの売り場の奥にカフェコーナーがある

幅広い層に愛される口当たりのいい嬉野茶
茶太郎 ちゃたろう

茶葉の製造・販売を手がける相川製茶舗に併設。緑茶とうれしの紅茶があり、テイクアウトのアレンジティーも人気。緑茶用の茶葉で作ったうれしの紅茶は、渋みが少なく、甘茶のような香りを楽しめる。

☎0954-42-1756（相川製茶舗）⌂嬉野市嬉野町下宿甲4002-1
🕐9:00〜17:00 ㊡不定休 Ｐあり 🚌バス停築城から徒歩3分
MAP 101 C-3

喫茶スペースでは
茶器も販売

12杯分のポットが付くうれしの紅茶550円 **2**ショップと喫茶を兼ねた純和風の建物

茶太郎を手がける相川製茶舗 P.75では、ミントほうじ茶やパンに合うお茶など、ちょっと変わったお茶も販売しています。

嬉野温泉の宿で過ごす とっておきのリラックスタイム

「日本三大美肌の湯」に選ばれている嬉野温泉。
その名湯とともに楽しめる料理やロケーションのよさ、
上質なもてなしを用意する宿を紹介します。

新旧が調和する文人たちも愛した老舗旅館
創業天保元年 旅館大村屋
そうぎょうてんぽうがんねんりょかんおおむらや

1805（文化2）年の文献をはじめ、著名な文人たちの作品にもその名が残る老舗宿。現在は「湯上がりを音楽と本で楽しむ宿」をテーマに、客室にも音を楽しむ趣向が凝らされ、歴史ある空間に新たなカルチャーを融合させている。

📞0954-43-1234 🏠嬉野市嬉野町下宿乙848 🕐IN15:00、OUT10:00 🛏和14、和洋12 🅿あり 🚌嬉野温泉バスセンターから徒歩5分 MAP68

1 塩田川に面した和洋室「牡丹」は源泉掛け流しの半露天風呂付き **2** 大浴場のほか、予約制の4つの貸切風呂がある **3** スピーカーはJBLオリンパス、アンプはマッキントッシュ。CDだけでなく約3000枚あるアナログレコードを視聴できる「湯けむりラウンジ」

料金プラン
1泊2食付き 18850円〜

1 椎葉山の麓、渓流沿いにある一軒宿 **2** 夕食は佐賀産和牛がメインの「椎葉会席」。料理は佐賀県らしく有田焼や波佐見焼のうつわに盛り付けられる

木々の息づかいにふれながら、湯を楽しむ
大正屋 椎葉山荘
たいしょうやしいばさんそう

温泉街から少し離れた山間に建つ宿。そばを椎葉川が流れ、夏はホタルが見られる。風呂は開放感がある大浴場と野趣あふれる和風の露天風呂がある。緑に面した川沿いの離れやメゾネットタイプの客室があるのも魅力。

📞0954-42-3600 🏠嬉野市嬉野町岩屋川内椎葉乙1586 🕐IN15:00、OUT11:00 🛏和2、和洋18 🅿あり 🚌バス停嬉野温泉から車で5分 MAP103 B-4

料金プラン
1泊2食付き
25450〜37550円

和室10畳とツインの2間構成の和洋室

アフタヌーンティーデイユースプラン
ハミルトン宇礼志野のアフタヌーンティーデイユースプランは、洋室タイプの客室に最大5時間まで滞在できます。提供される嬉野紅茶も香り高く、優雅なひとときが過ごせます。

「佐賀モダン」が宿のコンセプト
旅館吉田屋
りょかんよしだや

大人の隠れ家を思わせるモダンな宿。全21室の客室は御影石の風呂が付いた和洋室や離れなど、いずれもスタイリッシュな空間が広がる。春は嬉野川沿いに咲く桜を客室や足湯、バーから眺められる。

☎0954-42-0026 🏠嬉野市嬉野町岩屋川内甲379 🕐IN15:00、OUT10:00 🏠和洋21 Ｐあり 🚌バス停嬉野温泉から徒歩7分 MAP 101 A-4

料金プラン
1泊2食付き 22000円～

■石造りの空間と和室が調和する客室「譲葉」 ❷併設のカフェ ✉P.24のランチコース

大浴場にある岩の露天風呂

> 嬉野／嬉野温泉の宿で過ごす

料金プラン
1泊2食付き 30800円～

名前の由来となった英国貴族ハミルトン夫人の邸宅をイメージした建物

ご当地イタリアンが評判のリゾートホテル
ハミルトン宇礼志野 ハミルトンうれしの

丘の上に建つ温泉リゾートホテル。食事は地産地消がコンセプトのイタリアン。クラシカルな調度品が並ぶ洋室やモダンな洋室、スイートルームがあり、エステやバー、ライブラリーなどの設備も完備している。

☎0954-43-0333 🏠嬉野市嬉野町岩屋川内288-1 🕐IN15:00、OUT11:00 🏠洋38 Ｐあり 🚌バス停嬉野温泉から徒歩9分 MAP 101 B-4

■予約制で利用できる貸切風呂もある ❷イタリアの技と伝統を大切にしたおもてなしの味。写真はA5ランク佐賀牛コースの一例

このページで紹介している旅館は、すべて日帰り利用の外来入浴ができます。

お茶の里・湯の里
嬉野のおいしいをお持ち帰り

**うれしの茶や温泉湯豆腐をはじめ、老舗の銘菓など、
嬉野ならではの味を感じられるおみやげをセレクト。
旅先で出会ったおいしいものを持ち帰りましょう。**

a 創業天保元年 旅館大村屋
そうぎょうてんぽうがんねんりょかんおおむらや

塩田川沿いに建つ嬉野温泉でもっとも歴史のある老舗旅館。

P.72

b 橋爪菓子舗
はしづめかしほ

創業1921（大正10）年の和菓子店。一つひとつ手作りする丸房露や「佐賀まんまるカステラ」などが並ぶ。

☎0954-42-1063 嬉野市嬉野町下宿乙937-1 9:00～17:00 休水曜（祝日の場合は振替休あり） P要確認 嬉野温泉バスセンターから徒歩8分 MAP69

c 中島美香園
なかしまびこうえん

嬉野温泉の一角にある茶舗。多彩な嬉野茶を販売している。

☎0954-42-0372 嬉野市嬉野町下宿乙2199 10:00～17:00（カフェは～16:30） 休水曜 Pあり 嬉野温泉バスセンターから徒歩5分 MAP68

d 永尾製茶問屋
ながおせいちゃとんや

うれしの茶の仕上げ工場に隣接した直営店。お茶、菓子、茶器などを販売。

☎0954-42-0523 嬉野市嬉野町下宿丙98-1 9:00～17:00 休不定休 Pあり 嬉野温泉バスセンターから徒歩15分 MAP101 A-4

3色のソースをかけるプリン

a

大村屋プリンセット（6個入）1944円

うれしの茶の抹茶、紅茶、釜炒り茶の茶葉を使用したソースをかけるプリン

とろけるような
食感の温泉湯どうふ

a

嬉野温泉湯どうふ 1836円

嬉野温泉の温泉水（調理水）を使用した湯豆腐の自宅用セット。温泉水とタレ付き

カット用の糸で好みの幅に

b

糸切茶羊かん、糸切紅茶羊かん 各350円

うれしの茶とうれしの紅茶を練り込んだ羊羹。付属の糸で好みの幅にカットする

ほのかに抹茶が香る饅頭

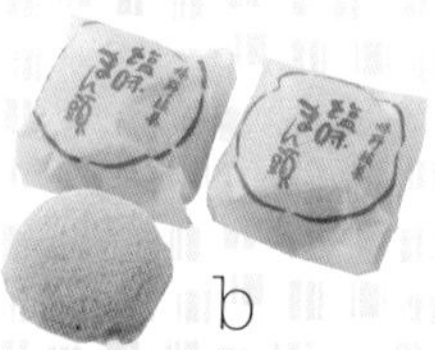

b

塩味まん頭 各100円

ふんわりした生地に抹茶を練り込んだ上品な落雁饅頭

日光をさえぎることで甘みの濃いお茶に

c

嬉野茶特選かぶせ茶翠芳 100g1620円

4月中旬の新茶のはしりの頃の若葉に、日覆いをして育てたお茶。濃厚な甘みが特徴

かわいらしい小花柄のパッケージ

d

うれしの茶 特上（化粧袋）各1080円

しっかりした味と香りが強く、口に含むとお茶の深いうまみを感じる上質な蒸製玉緑茶

和柄パッケージがキュート

**うれしの紅茶、ミントほうじ茶
しょうが紅茶** 各648円

国産紅茶をはじめ、ミント、ショウガなどのフレーバーがあるティーバッグ

ちょっと変わったテイストのお茶

パンにあうお茶 648円

紅茶をベースにほうじ茶と緑茶をブレンド。香ばしい風味がパンによく合う

和と洋がミックスしたもちもちスイーツ

もちもっち 1個220円、5個入1100円

やわらかい求肥で抹茶やチーズ、木イチゴ、チョコ、マンゴーなどのクリームやあんこを包む

嬉野の温泉マークが入った焼き菓子

ひき茶ふりあん 1個178円、10個入1944円

バターの風味と嬉野産抹茶の香りがマッチする、しっとりした焼き菓子

「大茶樹」の茶の実をイメージ

大茶樹 1個120円

大納言小豆入りの抹茶風味の生地をホワイトチョコレートでコーティング

紅茶の風味と塩バターがよく合う

うれしの紅茶マカロン 1個150円

うれしの紅茶を使った生地に、紅茶ペースト入りの塩バタークリームを挟む

e 相川製茶舗
あいかわせいちゃほ

飲みやすいお茶や多彩なフレーバーティーが人気のショップ。

☎0954-42-1756 ⌂嬉野市嬉野町下宿甲4002-1 ⏰9:00〜19:00 休不定休 P あり バス停築城から徒歩3分
MAP 101 C-3

f うれし庵
うれしあん

嬉野温泉商店街沿いにある呉服店の一角で、手作りのスイーツを販売。
🔖P.71

g 末廣屋菓子舗
すえひろやかしほ

焼き菓子を中心とした品ぞろえで、ひき茶ふりあんは一日700個焼く人気商品。

☎0954-42-0539 ⌂嬉野市嬉野町下宿甲4710-4 ⏰8:00〜18:00 休水曜 P あり バス停温泉四区からすぐ
MAP 101 C-3

h 風月堂
ふうげつどう

昔ながらの銘菓を提供しながら、地元らしい菓子作りを展開。

☎0954-42-0272 ⌂嬉野市嬉野町下宿乙2127-1 ⏰8:30〜19:00 休不定休 P あり 嬉野温泉バスセンターから徒歩5分 MAP 68

風月堂には、特産品の嬉野茶や紅茶などを使ったスイーツが盛りだくさんです。

武雄・嬉野温泉は、1300 年前の書物
『肥前国風土記』に出てくる伝説の湯処。
「東の辺りに湯の泉ありて能く人の病を癒す」
と記された著名人も入浴した名湯に浸かりながら、
心のタイムトリップにでかけましょう。

唐津

玄界灘に面する海辺の街、唐津。
オーシャンビューが広がる絶景はもちろん、
新鮮な海の幸や呼子のイカなど、
グルメも楽しみのひとつです。
素朴な風合いの唐津焼は鑑賞するもよし、
使ってみるとなおよし、の名品ぞろい。
市街地に残る唐津城や旧宅、洋館など
名建築の見どころも豊富です。

唐津を
さくっと紹介します

歴史的な名所や景勝地、グルメも充実していて
バランスがいい唐津。町歩きも、自然探勝も、グルメも
旅ごころを満足させる魅力にあふれています。

旅の情報収集はここで

まずは観光案内所へ

唐津駅構内には観光案内所が併設されています。パンフレットが豊富にそろい、案内所職員が常駐しているので、直接質問もできます。

唐津駅総合観光案内所
☎0955-72-4963

観光ガイドはいかが？

名所めぐりなら観光ガイド(有料)もおすすめ。唐津城をはじめ、曳山展示場や旧高取邸などの名所を解説してくれます。

唐津よかばいガイドの会
☎0955-74-3611(要事前予約)

唐津に着いたら

エリア内の移動手段

唐津駅周辺のスポットは歩いてめぐれます。虹の松原や唐津城などは、駅から離れている見どころも多いので、車移動がおすすめ。唐津バスセンターから唐津城や呼子方面までは昭和バスが運行しています。

昭和バス ☎0955-74-1121

呼子までのアクセス

レンタカー or バスで

唐津から呼子までは車での移動が便利。唐津駅周辺でレンタカーを借りられます。バスは本数が少ないので、事前に行きと帰りの時刻をチェックしてスケジューリングを。

**豊臣秀吉が築いた
渦郭式城の跡地**

名護屋城跡 P.96
なごやじょうあと

海のパノラマが広がる、現在は石垣や土塁が残る名護屋城の跡地。周囲には名だたる大名の陣跡が見られる。

イベントをチェック

唐津やきもん祭り
からつやきもんまつり
4/29〜5/5

陶芸家による唐津焼の展示販売や、「食と器の縁結び」をテーマにしたコラボ企画などのイベントを開催。
☎0955-74-3355(唐津やきもん祭り実行委員会(唐津観光協会内))
MAP 102 A-4

唐津くんち
からつくんち
11/2〜4

毎年多くの見物客が集まる、唐津神社の秋季例大祭。14台の曳山が旧城下町を巡行する。P.81
☎0955-72-4963
(唐津駅総合観光案内所)
MAP 102 A-3

唐津窯元ツーリズム
からつかまもとツーリズム
11月下旬の土・日曜

唐津焼の窯元で陶芸家と出会う非日常が味わえるイベント。陶芸体験など窯元ごとに趣向を凝らしたもてなしが楽しめる。
☎0955-74-3355
(唐津観光協会)
MAP 102 A-4

玄界灘の海の幸が集まる

P.94 呼子
よぶこ

海の幸に恵まれた港町。名物のイカの活き造りをはじめ、呼子朝市でのショッピングが楽しめる。

呼子の海を周遊する遊覧船

呼子港からは7つの洞窟、七ツ釜を間近に見られる遊覧船によるクルージングが楽しめますよ。
マリンパル呼子 ☎0120-425-194 ¥2000円

駅周辺に名店＆名所が集まる

P.80 唐津市街
からつしがい

JR唐津駅から徒歩圏内に見どころや飲食店、みやげもの店などがある。ランチからバーまで幅広い店が集まる。

松のトンネルをくぐり抜ける

虹の松原 P.81
にじのまつばら

県道347号沿いに松が続く日本三大松原のひとつ。鏡山山頂からは孤を描くような松原全景が一望できる。

JR唐津駅から歩いてすぐの複合施設「唐津市ふるさと会館アルピノ」の1階には売店（奇数月第3木曜休）、2階には唐津焼の展示販売場（木曜休）があります。MAP102 A-4

歴史的建造物にビュースポット
唐津の名所をめぐりましょう

唐津には意匠にすぐれた名建築をはじめ、
玄界灘や松原の絶景などの見どころがあります。
唐津のシンボル的ビュースポットめぐりへでかけませんか。

唐津が生んだ
名建築家のデザイン
旧唐津銀行
きゅうからつぎんこう

唐津出身で東京駅を設計した辰野金吾が監修。1997年3月まで佐賀銀行の唐津支店として使われていた。赤レンガに白い御影石を混ぜ、西洋建築を取り入れるなど、辰野式の工夫が見られる。

文化施設 ☎0955-70-1717
🏠唐津市本町1513-15 ⏰9:00
～18:00 🈑無休 ¥無料 🅿あり ‼JR唐津駅から徒歩10分
MAP 102 A-4

営業当時の姿が残る木製カウンターと細やかな装飾が施されたコリント式の柱

アーチ型の窓や古写真を基に復原したシャンデリアが印象的な貴賓室

屋根の上に小塔やドームを載せて、王冠のように強調

漆喰天井からアールヌーヴォー調のシャンデリアが下がる洋間

2階の大広間からは高島を望む

杉戸絵が配された豪勢な広間

和洋が融合する
約480坪の邸宅
旧高取邸
きゅうたかとりてい

石炭産業で富を成した実業家・高取伊好の旧宅。和風建築に洋間の装飾を取り入れている。72枚におよぶ杉戸絵や邸内にしつらえた能舞台、唐津湾を借景とした大広間など、見応えがある。

邸宅 ☎0955-75-0289 🏠唐津市北城内5-40 ⏰9:30～16:30 🈑月曜 ¥520円 🅿あり ‼バス停南城内から徒歩3分
MAP 102 B-3

ぐるっと回って
5時間

おすすめの時間帯

旧唐津銀行から唐津城へ建築めぐりをしたら、松のトンネルをくぐる虹の松原へ。虹の松原から鏡山展望台へは車で20分ほど。虹の松原の全景が眺められるビュースポットです。

観光起点は唐津駅

唐津駅には、観光に便利な観光案内所をはじめ、レンタカー案内ブースもあります。おみやげ店や食事処も隣接しています。

舞鶴城の別名をもつ唐津のシンボル

唐津城
からつじょう

鶴が羽を広げたような外観から、舞鶴城の名で親しまれる。豊臣秀吉の家臣、寺沢志摩守広高が、1602（慶長7）年から7年かけて築城したと言われている。桜と藤の名所でもある。

天主閣の内部には唐津藩の資料などを展示

城 ☎0955-72-5697 🏠唐津市東城内8-1 🕐9:00〜16:40（時期により変更あり）
休無休 ¥天守閣500円 Pあり
🍴バス停唐津城入口からすぐ MAP102 C-3

海岸線に沿って松の木が続く

虹の松原
にじのまつばら

松の木のトンネルが続く県道347号

国の特別名勝で、日本三大松原のひとつ。約100万本の松が続く長さ約4.5kmの松原が虹のように弧を描く。松原内を通る県道347号では、木漏れ日に包まれてドライブを楽しむことができる。

松原 ☎0955-72-4963（唐津駅総合観光案内所）🏠唐津市東津〜浜玉町 🕐見学自由 Pあり 🍴JR虹ノ松原駅からすぐ
MAP102 B-1

曳山が町を巡行する唐津の名物イベント

11月
2・3・4日

唐津くんち からつくんち

唐津神社の秋季例大祭。豪華絢爛な14台の曳山が、鐘や笛・太鼓、曳き子たちのかけ声とともに、旧城下町を巡行する。2016年にユネスコ無形文化遺産に登録された。

和紙を幾重にも貼り、漆を塗り固め、金箔を施した曳山

☎0955-72-4963（唐津駅総合観光案内所）🏠唐津神社〜唐津駅周辺の市街地 🕐11月2日は19:30〜22:00、3日は9:30〜16:30、4日は10:00〜16:40
Pあり 🍴JR唐津駅からすぐ MAP102 A-3

ひと足のばして

海と松原の絶景を楽しめる

鏡山展望台
かがみやまてんぼうだい

松村の緑が美しい

虹の松原の後方に控える標高284mの鏡山山頂にある展望台。広大な海と松原のパノラマが楽しめる。展望台がある公園内には庭園などがあり、桜やツツジの名所としても有名。周辺には鏡山神社がある。

展望台 ☎0955-72-4963（唐津駅総合観光案内所）🏠唐津市鏡大平6052-1ほか 🕐見学自由 Pあり 🍴JR虹ノ松原駅から車で15分 MAP102 C-2

唐津／唐津の名所をめぐりましょう

鏡山展望台へは国道202号の赤水交差点付近にある大鳥居を入り口に、山頂へ。春は、沿道が美しい桜並木になります。

お気に入りのうつわと出会える
唐津焼のギャラリーをめぐります

ろくろを回し、人の手で形作られる唐津焼には
土本来のもつ風合いがあり、やわらかな雰囲気が宿ります。
ギャラリーを訪れて、唐津焼の魅力にふれてみましょう。

■一番館オリジナルの中里太郎右衛門窯 左／絵
唐津湯呑 右／絵粉引湯呑各3850円 ■岡本修一作
豆皿各種2750円〜 ■「作り手八分、使い手二分」
といわれる唐津焼は使うことで育てていく楽しみ
がある

重鎮から若手作家まで幅広く扱う

GALLERY一番館 ギャラリーいちばんかん

唐津藩の御用窯を務めた中里家を中
心に、取り扱いのある唐津焼の作家
は約20名。オーナー・坂本直樹さん
の審美眼には定評があり、秀逸なセ
レクトで唐津焼の魅力を伝える。日
常で使い込んでこそ味わい深くなる
という唐津焼。一度に多くの作家作
品にふれて、お気に入りを見つけて。

📞0955-73-0007 🏠唐津市呉服町1807 🕐10:00〜18:00 🈳無休
🅿あり 🚶JR唐津駅から徒歩3分 MAP 102 A-4

十四代中里太郎右衛門
唐津茶盌　385000円

やわらかな白い粉引は
坂田奈津美さん作

唐津とアメリカ・メイン州で作陶す
る中里花子さん☞P.29の作品

唐津焼の魅力
唐津焼は土探しから陶工、釉薬作りまで一人の職人が行ないます。うつわ自体で完結させず、入れるものを引き立てる調和を大切に作られています。

■粉引長ワイングラス各4950円 ■ワイングラス（小）各3300円 ■汲み出し各2750円。古唐津の文様にならい、渡り鳥や野の草花などがのびやかに描かれている。薪を使った登り窯で焼かれるのも特徴のひとつ ■ギャラリーからはみごとな日本庭園が見渡せる

「古唐津」の魅力にふれる
あや窯展示場 淡如庵 あやがまてんじじょうたんにょあん

人間国宝・井上萬二氏に師事する作陶家・中里紀元・文子夫妻のギャラリー。「古唐津」の流れを汲む作品は、土の温もりがあり、人の手が生むやわらかな雰囲気を醸す。1階は古唐津ミニミニ資料館、2階はギャラリー。

☎0955-72-5709
🏠唐津市町田5-7-7
🕐11:00～16:00 🈶無休 🅿あり
🍴JR唐津駅から徒歩7分
MAP 102 A-4

名旅館にあるうつわギャラリー
洋々閣ギャラリー
ようようかくギャラリー

美しい木造建築と老松が茂る日本庭園がみごとな老舗旅館の中にあるギャラリー。館内には3つの展示室があり、隆太窯の中里隆さん、太亀さん、健太さん、monohanakoとして独立した花子さんの作品を展示する。

☎0955-72-7181 🏠唐津市東唐津2-4-40 🕐10:00～17:00 🈶不定休 🅿あり
🍴JR唐津駅から車で7分 MAP 102 C-3

■料理を引き立てる、シンプルで使い勝手のいいうつわが並ぶ。洋々閣の夕食にも隆太窯✉P.30のうつわが使われている ■monohanakoの花器 ■1893（明治26）年創業の老舗旅館 ■monohanakoのギャラリー。展示数が多く見応えがある

洋々閣の主人はうつわ愛好家で、中里氏との親交が深いことからギャラリーが作られたそうです。

唐津焼でいただける
ほっこりカフェでひとやすみ

市内には唐津焼のうつわで料理を楽しめるカフェがあります。
カジュアルなカフェや和の趣が漂う甘味処など、
好みの空間でひと息つきましょう。

素朴な
カフェメニューにも
なじむ名家のうつわ

和の心を感じる
唐津焼と
和スイーツ

❶お抹茶と季節の和菓子842円 ❷店内ではパンやソフトクリームも販売する ❸店内で焼き上げるパンは120円から。イートインもテイクアウトもできる

❶クリーム冷やし抹茶ぜんざい960円 ❷杉をふんだんに使った店内 ❸小ぶりなサイズがかわいいエッグベイカー 3300円〜（品切れの場合あり）

hanaはな家

ハナはなや

昭和初期の佇まいを残す建物を利用したカフェ。店内は坪庭を望めるテーブル席や座敷があり、新旧が調和する。唐津焼の名家、中里太郎右衛門氏のうつわでランチやスイーツを提供している。

☎0955-74-2454 ⌂唐津市中町1868 中町Casa1F
🕐11:30〜14:00 ㊡不定休 🅿なし
🍴JR唐津駅から徒歩3分 [MAP]102 A-4

Tea&Space基幸庵

ティーアンドスペースきこうあん

ぜんざいや甘味など、各地の民芸のうつわを使って楽しめるメニューが充実。唐津焼で供するクリーム冷やし抹茶ぜんざいは、宇治や星野産の抹茶の濃茶に自家製の小豆や白玉が入る。

☎0955-72-8188 ⌂唐津市東唐津1-9-21
🕐11:00〜17:30 ㊡火曜、第4月曜
🅿あり 🍴バス停東唐津1丁目からすぐ [MAP]102 C-3

併設のギャラリーもチェック
Tea&Space基幸庵は陶器やガラスなどの民芸品を展示するギャラリーを併設。企画展なども実施しています。

うつわ好きの
女性オーナーが
営むカフェ

1 ミックスベリークレープ650円。コーヒー500円はスイーツとセットで100円引 **2** カウンター席もある **3** ナポリタンにカレールーがかかるパキスタン850円

作家の温かみを
感じるうつわで
スイーツを

1 ベイクドチーズケーキのセット800円 **2** アンティーク調の家具や雑貨が置かれる店内 **3** きなこ味や季節限定品があるドーナツ170円と塩気の効いた塩パン160円

唐津／唐津焼でいただけるほっこりカフェ

caffe Luna
カフェルーナ

気さくな女性オーナーが営むカフェ。白を基調にした吉永サダムさんのうつわを中心に使い、購入もできる。焼きカレーやパスタ、コーヒーなどがあり、夜カフェ利用もおすすめ。

☎080-2697-0497 🏠唐津市京町1768-4 🕐11:30〜14:00、18:00〜22:30 🈺水・木曜 Ｐなし
🍴JR唐津駅から徒歩3分 [MAP]102 A-4

neuf9
ヌフ

地元で親しまれているベーカリーカフェ。やわらかい作風のうつわで、手作りスイーツをはじめ、パスタ、ごはんプレートなどのランチが味わえるほか、ベーカリーには素朴なパンが並ぶ。

☎0955-73-7159 🏠唐津市北城内1-12 🕐8:00〜19:00 🈺水曜、第1・3日曜 Ｐあり 🍴バス停北城内から徒歩3分 [MAP]102 A-3

hanaはな家は、焼きたてパンやソフトクリームなどテイクアウトメニューもあります。ちょっと立ち寄るのもおすすめです。

小粋な食事処で
唐津グルメを楽しむ

歴史ある老舗に、自然に囲まれた古民家の食事処。
心のこもった料理と洗練された空間が広がります。
すてきなもてなしに出会える食事処へ。

ざる豆腐発祥の老舗の豆腐料理

豆腐料理かわしま とうふりょうりかわしま

唐津藩に豆腐を献上していた歴史をもつ江戸時代創業の豆腐専門店。朝はざる豆腐をはじめとする豆腐づくしの3つのコース、昼はおまかせ会席コース（5500円）、夜は日本料理のコースが味わえる。限定8席で、食事は予約制。店舗では選りすぐりの国産大豆と良質な水で作ったざる豆腐を販売。

豆腐料理 ☎0955-72-2423
🏠唐津市京町1775 🕐9:00、12:00、18:30〜（すべて予約制）
🈺水・日曜 Ｐなし 🚃JR唐津駅から徒歩3分 MAP 102 A-4

おしながき
豆腐料理コース（朝）2200円〜
夜の日本料理コース 14300円〜

■1 豆腐料理に合う地酒もそろう ■2 焼き魚が付く朝のBコース2700円。ざる豆腐、厚揚げはおかわりできる ■3 店内はカウンター8席のみ ■4 ざる豆腐500g670円

おしながき
昼のコース 12000円
夜のコース 12000円

昔ながらの和の趣を楽しむ和食処

料理屋 あるところ りょうりやあるところ

市街地から少し離れたのどかな場所にある、明治初期築の古民家を改装した食事処。土間や和室などをいかした店内からは、木の温もりと昔ながらの日本家屋の居心地のよさが感じられる。唐津の魚介や野菜を使った料理や、注文ごとにかまどで炊くごはんなど、素朴でシンプルな田舎料理を提供する。

和食 ☎0955-58-8898
🏠唐津市鏡732 🕐11:00〜15:00、17:00〜22:00（要予約）
🈺不定休
Ｐあり 🚃JR東唐津駅から車で7分 MAP 102 C-2

■1 メニューは昼夜とも前菜からデザートまで10品ほどのおまかせコースのみ（写真は一例）■2 和の趣を感じる土間にあるテーブル席 ■3 自然豊かな場所に建つ ■4 店内はオープンな造り。作業台はオーナーの手製

手作り豆腐の食べ頃

豆腐料理かわしまでは、朝9時にできたての温かいざる豆腐を提供しています。ざる豆腐は、時間ごとに水が切れて旨みが凝縮されていくので、昼の12時もおすすめだそうです。

登録有形文化財の建物で
名物ウナギを

竹屋 たけや

明治初期から続くウナギ店。1923（大正12）年に建てられた建物は、国の登録有形文化財。名物のウナギは、うなぎ丼、うなぎの白焼き、蒲焼きとごはんが別々に出されるうなぎ定食などがある。創業当時から変わらぬ調理法でじっくり焼いたウナギに、ウナギのエキスがたっぷり入った継ぎ足しのタレが絶妙にからむ。

おしながき	
うなぎ丼(並)	2610円〜
うなぎ定食(4切)	3070円〜

うなぎ ☎0955-73-3244
🏠唐津市中町1884-2 ⏰11:30〜18:30 休水・木曜
Ｐなし
🍴JR唐津駅から徒歩6分
MAP 102 A-4

■1階は仕切りのあるテーブル席 2木造3階建ての風格漂う建物は歴史的価値も高い 33階は広々とした和室 4香ばしく甘めのタレがウナギとごはんに染み込んだ鰻丼特上肝吸い付4010円

ミシュランにも選ばれた佐賀牛ステーキの名店

キャラバン

佐賀牛の中でも特上のA5ランクを使用。さらに熟成させ、肉のうまみが増した頃合いに300℃の鉄板で表面を焼き、うまみを閉じ込める。おすすめはサーロインとヒレが食べ比べできるコース。絶妙な焼き加減で供される肉にペルー産と唐津産を混ぜた岩塩を一粒のせて食べれば、肉のうまみがいっそう引き立つ。

おしながき	
佐賀牛 おまかせコース	
	10000円〜

■やわらかくて甘みが強いサーロインと、脂肪が少なめで上品な旨みのヒレが味わえる人気メニュー 2唐津愛にあふれたオーナーシェフとの会話が楽しいカウンター席 3唐津焼のうつわでおもてなし

佐賀牛 ☎0955-74-2326
🏠唐津市中町1845 ⏰11:30〜14:30、18:00〜20:30（要予約）
休火曜 Ｐなし
🍴JR唐津駅から徒歩4分
MAP 102 A-4

唐津／唐津グルメを楽しむ

「料理屋 あるところ」は夫婦2人で営む小さな食事処。訪れる際は、事前予約が必要です。

こだわりの食とうつわに会える
夜の時間も楽しみです

唐津駅周辺には、夜の時間を楽しめるお店も点在。
ツガニ料理、日本料理、海の幸、さまざまなシーンで、
料理を引き立てるうつわ使いにも注目です。

江戸時代から続く
ツガニ料理で名高い料亭

飴源 ‖浜玉町‖あめげん

姿煮、鍋、ぶつ切りを炊き込んだカニ飯などで味わうツガニ料理が名物。鮎を秘伝のタレで焼く飴焼きは、初代からの製法を守る。料理を盛り付けるうつわはすべて特別注文した唐津焼。

和食 ☎0955-56-6926
⌂唐津市浜玉町五反田1058-2
🕐11:00 〜 19:00（前日までに要予約）🈺火曜 Ｐあり
‼JR浜崎駅から車で6分
MAP 103 B-2

食事は全7室ある
個室で

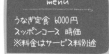

menu
うなぎ定食 6000円
スッポンコース 時価
※料金はサービス料別途

❶店の名物が並ぶ「川魚コース料理」7700円〜（サービス料別途、写真はイメージ）❷創業1838（天保9）年。外観、店内ともに古きよき時代の趣が漂う

おいしい酒の肴に調和する唐津焼

居酒屋 大八車 ‖中町‖いざかやだいはちぐるま

家族で営む活気ある居酒屋。もとは酒屋の倉庫だった建物は土壁や木造の造りで風格ある佇まい。地元の新鮮な魚介をメインに、多彩な創作料理がそろう。シンプルで素朴な風合いの唐津焼が、料理を引き立てる。

居酒屋 ☎0955-73-0533 ⌂唐津市中町1833 🕐17:00〜22:30 🈺日曜、不定休あり Ｐなし ‼JR唐津駅から徒歩5分 MAP 102 A-4

menu
本日のにぎり 880円
大八特製ハンバーグ 880円

2階建ての日本家屋

❶その日のおすすめが並ぶ刺身盛り合わせ1人前1680円と人気の大八すり身天1個380円 ❷家族で営むアットホームな雰囲気の店

唐津観光協会のHPにも注目

唐津観光協会のホームページでは、唐津城や虹の松原をはじめ、絶景観光地、佐賀牛やイカの活き造りといったグルメ情報、伝統工芸の唐津焼など最新の情報をチェックすることができます。https://www.karatsu-kankou.jp/

目利きの店主が選んだ 旬の魚を味わう
玄海肴処 旬風

‖京町‖げんかいさかなどころしゅんぷう

魚市場での仲買人の経験から、店主の目利きは確か。毎朝仕入れる魚介は刺身、焼き物、煮物、蒸し物など多彩な調理法で味わえる。7、8種類がのる豪華な刺身盛合せは、ぜひとも注文したい。

居酒屋 ☎0955-74-6364
🏠唐津市京町1761 🕐17:30〜21:30 休日曜（変更の場合あり）Ｐなし ‖JR唐津駅から徒歩3分 MAP 102 A-4

1

バラエティに富んだ
魚介の数々

❶その日に仕入れた魚介の中から、店主がセレクトした7、8種類の魚介がのる「おまかせ刺身盛り合わせ」2200円〜 ❷京町商店街のアーケード内にある

menu
やりいかの活け造り(1人前) 2200円〜
大海老と野菜の天ぷら 1300円

1

一貫一貫に日本料理の粋を感じる
鮨処 つく田 ‖中町‖ すしどころつくた

カウンターで一貫一貫提供する寿司店。その日の旬のネタに醤油を刷毛で塗り、出してくれる。砂糖をまったく加えず赤酢と塩のみで仕上げたシャリは、魚介の繊細な味を引き立たせる。

寿司店 ☎0955-74-6665 🏠唐津市中町1879-1 🕐12:00〜13:30、18:00〜20:00（要予約、日曜は〜13:30）休月・火曜 Ｐなし ‖JR唐津駅から徒歩5分 MAP 102 A-4

menu
つまみと握り鮨 11000円
おまかせ料理 16500円〜

カウンターのみの
シンプルな店内

❶握り鮨一人前7000円は、大将が頃合いを見て一貫ずつ出してくれる ❷店内は7席のカウンター席のみ

飴源、日本料理 花菱、鮨処 つく田は、ランチ営業もしていますよ。

唐津／こだわりの食とうつわに会える夜の時間

唐津で見つけた
かわいい・おいしいおやつ

唐津には、昔から愛される松露饅頭をはじめ、
和洋問わず、唐津産の食材を使った菓子がそろっています。
味にも見た目にも引きつけられる唐津のおやつを集めました。

淡雪饅頭　6個入600円／卵白を使った皮で打ち寄せる波をイメージ。ほどよい甘さのこし餡を包む

けえらん　白1個80円、よもぎ1個90円／豊臣秀吉をもてなすために誕生したといわれる和菓子。米を蒸した生地で餡を包んでいる

干菓子（小箱）594円／国産落雁粉を使用した季節の落雁。カラフルでミニサイズの落雁は、とくに女性に人気

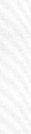

松露饅頭　1個108円、10個箱入り1188円／唐津を代表する銘菓で、薄いカステラの生地の中に、甘さ控えめのこし餡が入る

和菓子の開花堂
わがしのかいかどう

創業1898（明治31）年。素材にこだわり、季節感を大事にした菓子作りを心がける和菓子店。

和菓子　☎0955-72-5750
🏠唐津市本町1889-2 🕘9:30～17:30 🈺水曜 🅿なし
🍴JR唐津駅から徒歩6分
MAP 102 A-4

伊藤けえらん
いとうけえらん

唐津市浜玉町の老舗菓子舗。およそ400年にわたって変わらない製法で作り続けている「けえらん」が名物。

和菓子　☎0955-56-6901
🏠唐津市浜玉町浜崎943
🕘8:00～20:00 🈺無休
🅿あり JR浜崎駅から徒歩5分 MAP 103 B-2

大原松露饅頭
おおはらしょうろまんじゅう

唐津を代表する銘菓、松露饅頭の本店。専用の銅板で一個ずつ焼き上げる。ほかに季節の和菓子を販売。

和菓子　☎0955-73-3181
🏠唐津市本町1513-17 🕘8:30～19:00 🈺無休 🅿なし
🍴JR唐津駅から徒歩7分
MAP 102 A-4

菓子舗池田屋
かしほいけだや

季節ごとの和洋の菓子がそろう。イートインではケーキのほか、夏はかき氷、冬はぜんざいなどが食べられる。

和洋菓子　☎0955-74-3753
🏠唐津市中町1835-2 🕘10:30～21:00 🈺無休 🅿なし 🍴JR唐津駅から徒歩5分
MAP 102 A-4

唐津マカロン（キャラメルサレ、テベール）各240円／唐津産の塩を使ったほろ苦い塩キャラメルとほどよい渋みの唐津茶を使ったクリームを挟む

味噌せんべい 5枚入 198円／選りすぐりの米と良質の大豆を主原料に、昔ながらの製法で仕込んだ「米みそ」を使った堅焼きせんべい。味噌の風味が香ばしい

七山茶シンフォニー 小648円、大1080円／有機・低農薬で栽培された七山茶を使ったふわふわ食感のシフォンケーキ

曳山んじゅう 1個220円／カステラの生地で自店製あんこを包んだ饅頭。細部までこだわった曳山はリアル感たっぷり

エクレア ショコラ360円、バニラ320円／エクレアにはマダガスカル産のバニラやオーガニックチョコレートを使用している

唐津／かわいい・おいしいおやつ

---

⑤ 天佑庵
てんゆうあん

創業1919（大正8）年のマツキン醸造の直売所。味噌や醤油のほか、味噌せんべいなどを販売。

味噌・醤油 📞0955-74-2468（マツキン醸造）🏠唐津市和多田百人町1-28 🕐9:00〜17:00 ㊡日曜 🅿あり ‼JR和多田駅から徒歩12分 MAP 102 B-1

⑥ ル・カリヨン

一の塩や七山茶、デコポンなど唐津の産物で作る独創的な菓子を提供する。

洋菓子 📞0955-73-6540 🏠唐津市神田1938-2 🕐9:30〜19:00 ㊡月曜（祝日の場合は翌日休）🅿あり ‼JR唐津駅から徒歩10分 MAP 102 A-1

⑦ パティスリールノワール

「食べるアート」をコンセプトに、素材本来の香りが伝わるような菓子を提供。

洋菓子 📞0955-72-1550 🏠唐津市新興町11 山口アパート1F 🕐11:00〜18:30 ㊡水曜 🅿あり ‼JR唐津駅から徒歩5分 MAP 102 A-4

⑧ ツルヤ菓子舗
ツルヤかしほ

創業1887（明治20）年の菓子舗。唐津くんちの曳山をかたどった「曳山んじゅう」を製造販売。

和菓子 📞0955-88-9092 🏠唐津市刀町1515-2 精乳舎ビル1F 🕐10:00〜18:00（日曜・祝日は〜17:00、変更の場合あり）㊡月曜（ほか不定休あり）🅿なし ‼JR唐津駅から徒歩5分 MAP 102 A-3

天佑庵では、味噌、醤油、ポン酢、みりん、ソース類などマツキン醸造のほぼ全商品を扱っています。

唐津ステイを楽しむ
あこがれのお宿へ

老舗の風格と和の空間が落ち着く和風旅館や
海辺のロケーションに癒やされるシーサイドホテルなど。
のんびりと宿の魅力を楽しみたい唐津のお泊まりはこちらへ。

①大きな籐椅子を置くロビーはくつろげる空間 ②秘伝のタレで味わう黒毛和牛のしゃぶしゃぶは予約制 ③全19室の客室はすべて和室 ④樹齢200年の松が育つ枯山水の庭園 ⑤ミネラルが豊富な麦飯石の湯 ⑥庭園を望む佐用姫の間

**老松の庭園に
日本情緒を感じる老舗旅館**

洋々閣 ようようかく

明治時代創業の和風旅館。客室やロビーから老松の群生する庭園が望め、純和風の落ち着いた佇まいを感じられる。九州で初めてしゃぶしゃぶを出したことで知られ、夕食で味わうことができる。隆太窯、monohana koの作品を展示販売するギャラリー ☞P.83もある。

☎0955-72-7181 🏠唐津市東唐津2-4-40 🕐IN15:00、OUT10:00 🛏和19 🅿あり 🍴JR唐津駅から車で7分 MAP 102 C-3

唐津の旬とうつわを楽しむ日本旅館

唐津料理の宿 松の井

からつりょうりのやどまつのい

松の木々が茂る日本庭園を囲む老舗旅館。全室内風呂付きの客室は、欄間や格天井など美しい日本建築が見られる。料理は、玄界灘でとれた魚介を中心にした懐石料理を、唐津焼の名家のうつわとともに楽しめる。

📞0955-72-8131
🏠唐津市東唐津2-4-32
🕐IN15:00、OUT10:00 🛏和10
Ｐあり 🍴JR唐津駅から車で7分 MAP102 C-3

料金プラン

1泊2食付き 22000円〜

30分かけて焼き上がる佐賀黒毛和牛 烏賊活造りと共に〜A5等級絶品ステーキプラン〜

1️⃣深みのある唐津焼のうつわに盛られた懐石料理 2️⃣1923（大正12）年に造園された太鼓橋や滝が流れる山水庭園 3️⃣竹素材の夏障子が絵になる庭に面した客室 4️⃣新館と旧館に分かれる建物

唐津／あこがれのお宿へ

1️⃣唐津湾が望める展望浴場 2️⃣佐賀牛やイカの活き造りが並ぶ会席料理 3️⃣海を望める西館の和洋室 4️⃣夏は目の前の海で海水浴が楽しめる

料金プラン

1泊2食付き 22700円〜

夕食は唐津名物の新鮮なイカ活き造り付き会席

唐津湾に面した海辺のホテル

唐津シーサイドホテル

からつシーサイドホテル

雄大な唐津湾が目の前に広がり、日本三大松原「虹の松原」に隣接する、癒やしとくつろぎ感あふれるリゾートホテル。客室は全室オーシャンビューで、夕食は新鮮な海の幸や佐賀牛などが味わえる。

📞0955-75-3300 🏠唐津市東唐津4-182 🕐IN15:00、OUT11:00 🛏和9、洋106、和洋24 Ｐあり 🍴JR東唐津駅から車で3分 MAP102 B-1

唐津シーサイドホテル西館の展望浴場は、日帰り利用ができます。

ひと足のばして呼子まで 海と名物のイカを求めて

唐津市街地から車で30分ほどの呼子。
名物のイカを楽しめる朝市や食事処をはじめ、
玄界灘の美しい海の景色が楽しめます。

ぐるっと回って **4時間**
おすすめの時間帯

朝一番に朝市で呼子の魚介グルメを楽しんだら、左右に青い海が広がる呼子大橋を渡って風の見える丘公園へ。高台から海を眺めたら、名物のイカの活き造りを食べに行きましょう。

呼子の海産物がずらり
呼子朝市 よぶこあさいち

松浦町商店街で毎朝開かれる朝市。200mほどの「朝市通り」に、新鮮な魚介類や季節の野菜、果物などを販売する露店がずらりと並ぶ。店の人との会話を楽しみながら、名物の海産物をチェック。

朝市 ☎0955-82-3426（呼子観光案内所）
🏠唐津市呼子町呼子朝市通り
🕐7:30〜12:00 🈳無休
🅿あり 🚏バス停呼子からすぐ
MAP 95

1名物のイカの一夜干しは大人気商品 2地元の人たちの元気な呼び声が飛び交う 3イカをアレンジした商品がたくさん

こんなお店があります

おさかなドーナツ
2個入500円

店内では海産物やイカを使った加工品などを販売

揚げしゅうまいや おさかなドーナツがおいしい
木屋 きや

おもに海産物の加工品を販売。店頭では名物のいかしゅうまいを油で揚げた「揚げしゅうまい」や、魚のすり身を丸めて揚げた「魚コロッケ」などのテイクアウトグルメが買える。

食品販売 ☎0955-82-3510
🏠唐津市呼子町呼子3764-5
🕐8:00〜17:00 🈳無休
🅿なし
🚏バス停呼子からすぐ
MAP 95

マンボウの看板が目印

いかしゅうまい2個350円。蒸し、揚げから選べる

イカ天
130g700円

散歩途中に テイクアウトで楽しめる
萬坊朝市通り店 まんぼうあさいちどおりてん

いかしゅうまいで有名な「海中魚処 萬坊」の姉妹店。イカ、卵、タマネギなど吟味した材料を使って手作りしたいかしゅうまいのほか、イカ天などのテイクアウトグルメがある。

食品販売 ☎0955-82-3008
🏠唐津市呼子町呼子4185-11
🕐8:00〜17:00（変動あり）
🈳不定休 🅿なし
🚏バス停呼子から徒歩3分
MAP 95

呼子のイカ

呼子名物のイカの活き造りは、おもにケンサキイカ（ヤリイカ）とミズイカ（アオリイカ）。ケンサキイカは5月から10月頃、ミズイカは10月から2月が旬。甘みが強いケンサキイカはとくに人気があります。

青い海に映える優美なハープ橋

呼子大橋 よぶこおおはし

呼子と加部島をつなぐ全長728mの橋。ハープを2つ並べたような優美なフォルムから、ハープ橋とも呼ばれる。車道に沿って歩道が整備され、歩いて渡ることもできる。

橋 📞0955-53-7165（唐津市呼子市民センター産業・教育課）🏠唐津市呼子町殿ノ浦 🅿あり 🚌バス停呼子大橋からすぐ MAP95

風の見える丘公園から見た呼子大橋

小高い丘の上に設けられた公園

加部島
● 風の見える丘公園
● 風の見える丘公園 P.95
P.95 漁火 R
台場みなとプラザ
尾ノ下鼻
● 尾ノ上Ryokan
尾ノ上
小友漁港
片島
天童岳
高齢者福祉センター
長沙平
弁天島
● 呼子大橋 P.95
呼子漁港
大橋 H
よぶこ
P.94 金丸
呼子朝市 H
P.94
愛宕神社前
殿ノ浦
P.94 木屋
持山
唐津市
382
唐津市街
小友入口
P.94 萬坊市通り店 S
呼子公民館
尾尻橋
呼子朝市港
八阪神社
名護屋城跡
伊達政宗陣跡
● ひばりが丘
黒田長政陣跡
大名護屋
橋西
呼子MAP
周辺図 P.103
上が北
500m
1:50,000

呼子湾と玄界灘が見渡せる展望スポット

風の見える丘公園 かぜのみえるおかこうえん

呼子でもっとも眺めがいい公園。展望所からは、呼子湾と玄界灘が見渡せ、天気がよい日には長崎県壱岐を遠くに望むことができる。レストハウス内でのひとやすみも。

公園 📞0955-53-7165（唐津市呼子市民センター産業・教育課）🏠唐津市呼子町加部島3279-1 🕐入園自由（レストハウスは9:00〜17:00、火曜休）🅿あり 🚌バス停風の見える丘公園からすぐ MAP95

呼子湾が一望できる海鮮が充実の食事処

漁火 いさりび

イカの活き造りは、水揚げされたときの鮮度を保つ調理法で提供。イカ活き造りをはじめ、その日に仕入れた魚介を使った丼や定食などのほか、一品メニューも充実している。

和食 📞0955-82-5224 🏠唐津市呼子町呼子1467-1 🕐10:00〜15:00 🈲水曜（祝日の場合は営業）🅿あり 🚌バス停尾の上からすぐ MAP95

1️⃣イカしゅうまい、茶碗蒸し、デザートなどが付くイカコース3680円 2️⃣店内はテーブル席と座敷席がある

ツヤツヤのイカの活き造り

呼子朝市へは、マリンパル呼子近くの臨港駐車場を利用すると便利です。海沿いに公衆トイレもあります。

名護屋城跡から波戸岬へ
歴史散策＋絶景ドライブにでかけましょう

玄界灘に突き出た波戸岬の丘陵を中心に築かれた名護屋城は、
豊臣秀吉による朝鮮出兵の本拠地だった場所。
歴史を物語る城跡から風光明媚な波戸岬まで、1DAYドライブ。

名護屋城跡の碑

大きな野望を抱いた豊臣秀吉外征の城
名護屋城跡 なごやじょうあと

豊臣秀吉の命令により、わずか5か月で築かれた巨城の跡地。人為的に破却された城として、歴史的背景とともに研究価値が高く、特別史跡に指定されている。

史跡 ♪0955-82-5774（名護屋城跡観光案内所）
⌂唐津市鎮西町名護屋 9:00～17:00 休無休
￥歴史遺産維持協力金として100円 Pあり 西九州自動車道唐津ICから車で35分 MAP 103 A-1

天守閣があった場所からパノラマの景色が楽しめる

名護屋城跡からおよそ700mの場所に石垣が残る「徳川家康陣跡」。主郭部は3000㎡と広く、出入口と考えられる虎口や石段も発見されている

名護屋城築城に関わり、豊臣秀吉とも密接なつながりがあった前田利家の陣跡。旗を立てるためにつくられたといわれる旗竿石が残る

台所丸の近くにある「太閤井戸」。肥前名護屋城図屏風に描かれたものと同じ場所に位置する。秀吉もこの湧水で茶をたてたのではないだろうか

秀吉の側室だった広沢の局から名が付く広沢寺の境内に、天然記念物の大きなソテツがある。加藤清正が戦地から持ち帰って献上したと伝わる

風流な茶室でひと休み
唐津市名護屋城茶苑「海月」
からつしなごやじょうちゃえんかいげつ

名護屋城跡の一角にある日本庭園と茶室。四季折々の茶花などの豊かな自然と歴史ある城跡の風情を楽しみながら、ひと休みできる。

茶店 ♪0955-82-4384 ⌂唐津市鎮西町名護屋3458
9:00～16:30 休水曜 ￥入苑料510円（抹茶、和菓子付）
Pあり 西九州自動車道唐津ICから車で35分
MAP 103 A-1

和菓子付きの抹茶

「海月」の名は、千利休の菩提である京都大徳寺の福富雪底管長が命名

新緑に包まれた庭園

ぐるっと回って
4時間

おすすめの時間帯

コースの前半は名護屋城跡周辺の陣跡を見て回りましょう。茶苑「海月」でひと休みしたら、博物館で朝鮮半島との交流の歴史をお勉強。ラストは玄界灘の海を目指して波戸岬へ。

名護屋城をバーチャル体験

名護屋城跡でタブレットをかざすと約430年前の名護屋城がCGで映し出されるバーチャル体験ができます。タブレットは佐賀県立名護屋城博物館で無料で貸し出しています(雨天時は不可、貸し出しは16:00まで)。スマホアプリも公開されています。

保存状態がよく見どころがある陣跡
堀秀治陣跡
ほりひではるじんあと

父秀政の時代から秀吉に仕え、広い敷地を与えられていた越前(現在の福井県)の大名の陣跡。御殿や能舞台、茶室の跡などが見られる。

史跡 ☎0955-51-1052(鎮西町観光案内所) 🏠唐津市鎮西町名護屋 🕐見学自由 🅿なし ➡西九州自動車道唐津ICから車で40分 MAP 103 A-1

整備されていて見学しやすい

秀吉が名護屋城用いた「黄金の茶室」を復元展示

豊臣秀吉ゆかりの「黄金の茶室」を復元
佐賀県立名護屋城博物館
さがけんりつなごやじょうはくぶつかん

名護屋城跡に隣接する博物館。常設展示では、豊臣秀吉の朝鮮出兵を中心に、日本列島と朝鮮半島との交流史を紹介。復元された「黄金の茶室」は必見。

名護屋城と城下町の模型

軍船の復元模型や屏風などがある

博物館 ☎0955-82-4905 🏠唐津市鎮西町名護屋1931-3 🕐9:00～17:00 休月曜(祝日の場合は翌日休) ¥無料(特別企画展は有料) 🅿あり ➡西九州自動車道唐津ICから車で35分 MAP 103 A-1

どこまでも海が広がる展望スポット
波戸岬
はどみさき

玄界灘に突き出た岬一帯は玄海国定公園に指定されている。岬の先端に建つ玄海海中展望塔の展望室では、窓越しに海中観察ができる。

恋人の聖地として「ハート岬」とも呼ばれる

展望所 ☎0955-51-1052(鎮西町観光案内所) ☎090-3464-5337(玄海海中展望塔) 🏠唐津市鎮西町波戸1628-1 🕐見学自由、展望塔は9:00～18:00(10～3月は～17:00) ¥玄海海中展望塔1000円 🅿あり ➡西九州自動車道唐津ICから車で40分 MAP 103 A-1

海岸線に沿って遊歩道が整備されている

波戸岬は夕日が見られるスポットでもあります。時期によってはハート形の影が現れるといわれています。

唐津／名護屋城跡から波戸岬へ

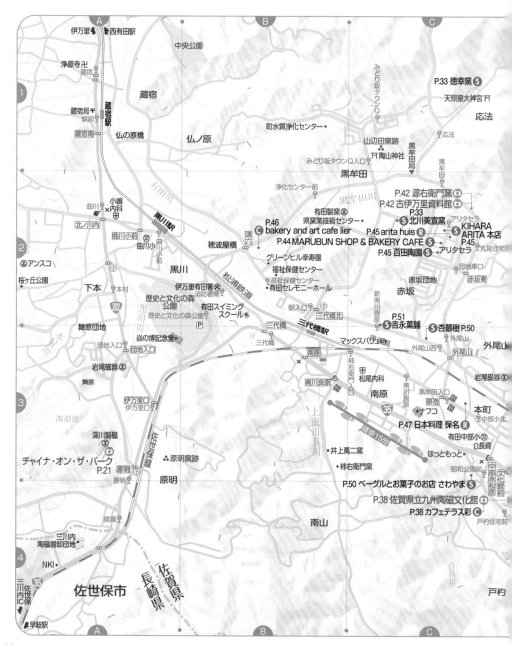

A | B | C

浄原寺卍
伊万里　■西有田駅
中央公園

1

蔵宿
蔵宿局　蔵宿駅前
仏の原橋
蔵宿南
仏ノ原

みどり坂タウンQ上口
P.33 徳幸窯 S
天照皇大神宮 ⊞
応法

町水質浄化センター・
山辺田窯跡 卍陶山神社 応法
黒牟田局 応法

みどり坂タウンQ入口
浄化センター前
黒牟田

P.42 源右衛門窯
P.42 古伊万里資料館

2

小嶋内科
北ノ川内
曲川
曲川小前
曲川小前
穂波屋橋
黒川駅
黒川

有田製窯
県窯業技術センター・
P.46
C bakery and art cafe lier
P.44 MARUBUN SHOP & BAKERY CAFÉ

P.33
S 北川美宣窯
P.45 arita huis R
アリタセラ
KIHARA
S ARITA 本店
P.45
P.45 百田陶園 S アリタセラ
丸田住宅前

アンスコ
桜ヶ丘公園
下本
本村
伊万里有田署
歴史と文化の森公園
有田スイミングスクール
P
炎の博記念堂・
団地入口

グリーンヒル幸寿園
福祉保健センター
福祉保健センター
有田セレモニーホール
駅入口

赤坂丘団地
赤坂
赤坂坂団地

新南川良原

3

舞原団地
岩尾磁器
舞原

歴史と文化の森公園
三代橋
三代橋
南原

P.51
S 吉永菓舗
P.50

三代橋北
三代橋駅
マックスバリュ S

外尾山
岩尾磁器

伊万里
伊万里口
深川製磁

南川良原
柿右衛門窯
松尾内科
南原

黒牟田入口
35 ナフコ
P.47 日本料理 保名 R
有田中部小
ほっともっと

外尾山西
本町
中部小前
長崎

チャイナ・オン・ザ・パーク
P.21
原明
原明
原明窯跡

井上萬二窯
柿右衛門窯

昭和公園前
中部赤松原

P.50 ベーグルとお菓子のお店 さわやま
P.38 佐賀県立九州陶磁文化館
P.38 カフェテラス彩 C

文化衛前

県境
南山
南山

戸杓住宅前

三川内陶磁器卸団地
NKI
佐世保市
長崎県
佐賀県
戸杓

4

三川内佐内IC保
早岐駅

A | B | C

98

マイセンの森・
・白川キャンプ場
岩越
滝ノ観世音
滝ノ観音池

武雄市

丸尾
丸尾

有田ダム

弁財天
弁財池

馬乗場峠
馬乗場峠

⑥徳永陶磁器
Ⓢ幸楽窯 トレジャーハンティング P.43
丸尾
有田町

後ロロ内溜池
外尾町

Ⓢトンバイ塀のある裏通り P.19
P.40 手塚商店Ⓢ
P.39 有田陶磁美術館Ⓢ
P.43 うつわ処けいざん Ⓢ
P.40 深川製磁 本店 Ⓢ
有田小・ 白川
有田小前

P.41
香蘭社 有田本店Ⓢ
P.18 有田内山の町並み
報恩寺卍
P.18 独立支援工房 赤絵座Ⓢ
P.46 kasane Ⓡ
中の原

P.19 大公孫樹
P.51 前田陶助堂Ⓢ
西光寺卍
上幸平・上幸平 駅入口
Ⓢ ARITA PORCELAIN LAB. P.20
天満宮卍
有田異人館 上有田駅
礼の辻
稗古場 ⊗
有田本店 × 幸平
卍雲寺
岩谷川内 有田局
有田町前
岩谷川内

⑥李参平の碑 P.19
陶山神社
P.18
青磁トンネル
白磁トンネル

泉山
泉山

石場前
白磁ケ丘

有田焼参考館
有田町歴史民俗資料館
⑥泉山磁石場 P.39

峠
有田泉山
佐世保線
有田局入口
中樽・陶樹庵

中樽
中樽局
中樽2
中樽団地
中樽団地
⑥中樽労住
・福珠窯 P.21

有田駅
駅前
駅前
駅本町
センター前
工校前

今村製陶 町屋Ⓢ
P.51 高島豆腐店Ⓢ
P.41
出張所前

東出張所
岩谷川内
出張所
有田中

桑古場入口
桑古場
桑古場

赤絵トンネル

蓮花石山
▲
（大字なし）

金山岳
▲

大谷溜池

Ⓡギャラリー有田 P.47
有田工高
佐賀大有田キャンパス⊗
有田窯業大前

戸杓東

Ⓒカフェグルニエ P.49

岩開

猿川
卍猿川不動院

岩賀大前

菅野公園
大野神社卍
大野

戸矢北
菅野神社卍

武雄温泉駅

地図／有田MAP

有田MAP
周辺図 ● P.103
上が北
0 300m
1:25,000

35

99

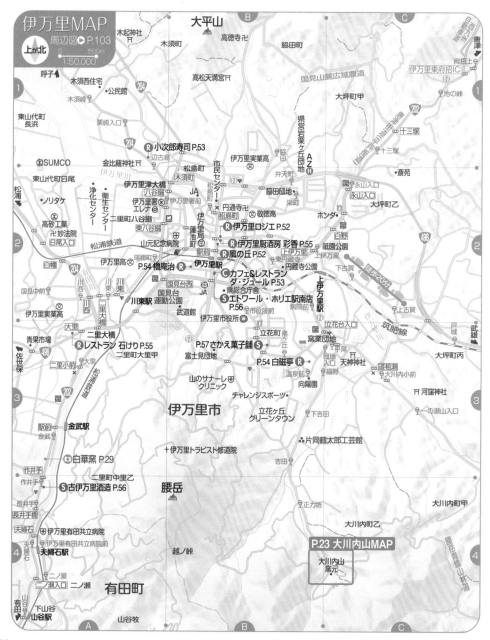

伊万里MAP

周辺図 ● P.103

上が北

500m

1:50,000

大平山

木起神社
高徳寺
木須町
脇田町

唐津

呼子
木須西住宅
公民館
木須崎

国見山麓広域農道
伊万里東府招IC
池の峠

東山代町長浜
栗崎入口

小次郎寿司 P.53
辺古島
金比羅神社
松島町
木須町
市民センター
伊万里実業高
井手町
大坪町甲
十三塚
斎苑

SUMCO
伊万里津大橋
八谷瀬
伊万里署
エレナ
二里町八谷瀬
東八谷瀬

JA

永山入口
脇田団地
円通寺
松島町
栄町
敬徳高
ホンダ

永山入口
大坪町乙
白野

東山代町日尾
ソリタケ
浄化センター
衛生センター
高砂工業
妙法院
日尾入口

伊万里ロジエ P.52
伊万里厨酒房 彩香 P.55
風の丘 P.52

祇園公園
上伊万里駅
下古賀

徒歩20分

白幡
松浦鉄道
山元記念病院

伊万里高
瑞穂町
国見中前

国見中前

樋庵治 P.54
伊万里駅
国見台西
川東駅
国見台運動公園
武道館

カフェ&レストラン
ダ・ジュール P.53
県総合庁舎
エトワール・ホリエ駅南店
P.56

上伊万里駅

円蔵寺公園
東内蔵寺

筑肥線

上古賀

戸城

武雄

大坪町丙

伊万里実業高
青果市場
佐世保

二里大橋
レストラン 石けり P.55
二里町大里甲

天神
二里大橋
二里小前

立花入口
窯業団地
立花町
P.57さかえ菓子舗
富士見団地
市役所前
伊万里市役所

立花ヶ丘
グリーンタウン

大坪町丙

天神神社
大川内山前

河窯神社
一の瀬山入口

山のサナーレ
クリニック
チャレンジスポーツ

伊万里市

下吉田

片岡鶴太郎工芸館

大川内町甲

金武駅
金武

白華窯 P.29
作井手
作井手
二里町中里乙
古伊万里酒造 P.56

伊万里トラピスト修道院
腰岳

吉田

正力坊

大川内町乙

P.23 大川内山MAP

長井手
長井手橋
夫婦石
伊万里有田共立病院
夫婦石駅
伊万里有田共立病院前

二里町中里甲
越ノ峠

大川内山
窯元

有田
下山谷
山谷駅

二ノ瀬入口 二ノ瀬

有田町

山谷牧

大川内町甲

羅岳青螺山林道

100

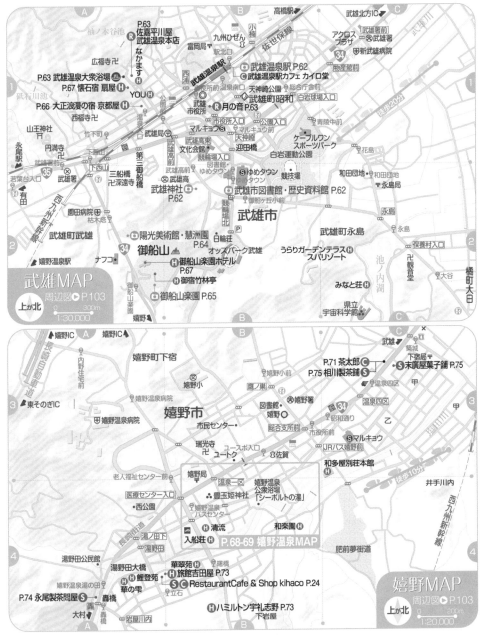

武雄MAP

上が北

周辺図▶P.103

0　300m

1:30,000

嬉野MAP

上が北

周辺図▶P.103

0　200m

1:20,000

唐津MAP

上が北
周辺図→P.103
0 ─── 500m
1:60,000

- 西唐津駅
- 唐津線
- 旧高取邸
- 舞鶴公園
- 姉子ノ瀬
- 唐津湾
- 汐湯凪の音
- 唐津神社
- 東唐津2
- メルキュール佐賀唐津リゾート
- 浜崎駅
- 末盧館
- 近松寺
- 唐津シーサイドホテル P.93
- 菜畑遺跡
- JA
- 栄町
- 東の浜公園
- 東の浜海水浴場
- 鹿家駅
- 唐津駅
- 下図 唐津駅周辺MAP
- 天佑庵 P.91
- 虹の松原 P.81
- 鏡山入口
- 呼子
- ル・カリヨン P.91
- 第五中
- 百人町
- 筑肥線
- 虹ノ松原駅
- 約3分
- まいづる999
- 和多田駅
- 佐用姫岩
- 虹の松原団地
- 鏡山口
- イオン
- 砂子入口
- 王居
- 糸島
- 旭が丘
- 唐津西高
- 辰谷
- 東唐津駅
- ミスターマックス
- 唐津バイパス
- 横田下
- 和多田本村
- 体育の森 唐津東高・中公園
- 赤水観音
- 赤水窯 P.31
- 延楽寺
- 天神社
- 浜玉横田下
- 成和小
- 和多田
- 天王町
- 唐津大橋
- 鏡公園
- 正願寺
- 鏡山展望台 P.81
- 唐津市
- 瀬田原
- 和多田西山
- ネッツ
- 松浦大橋
- 唐津競艇場
- 鏡山小
- 鏡山公園
- 鏡山(領巾振山)
- 蓮光寺町
- 和多田
- 原入口
- 鏡中
- 樋の口古墳
- 鬼塚駅
- 河畔公園
- 天満宮
- 料理屋 あるところ P.86
- 西九州自動車道
- 浜玉IC
- 養母田鬼塚
- コメリ
- 梶原
- 八龍神社
- 矢作
- 伊万里
- 山本駅
- 原
- 唐津IC
- 唐津IC

唐津駅周辺MAP

上が北
周辺図→上図
0 ─── 200m
1:15,000

- きむら
- 北城内
- 旧高取邸 P.80
- 水野
- 姉子ノ瀬
- neuf9 P.85
- 東城内
- 舞鶴公園
- 唐津城 P.81
- 坊主町
- 西ノ門館
- 河村美術館
- 早稲田佐賀高・中
- P.93 唐津料理の宿 松の井
- P.78・81 唐津くんち
- 北城内
- 南城内
- 東城内
- 唐津城入口
- 児童遊園地
- 西城内
- 南城内駐車場入口
- 二ノ門
- P.83 洋々閣ギャラリー
- ルーテル教会
- 唐津神社
- 井本整形外科クリニック
- 新舞鶴橋
- P.92 洋々閣
- 坊主町
- 市民会館(改築中)
- 大名小路
- 唐津城入口
- P.84 Tea&Space基幸庵
- アスカ
- 南城内
- 保健福祉事務所前
- 千代田橋
- 東唐津1
- 八幡神社
- 近松門左衛門の墓
- P.90 和菓子の開花堂
- 唐津市役所
- 大名小路
- 渡船場
- 唐津市
- 東唐津2
- 唐津第一
- P.87 竹屋
- 富久家 綿屋
- 東唐津2
- P.91 ツルヤ菓子舗
- P.90 大原松露饅頭
- 千代田町
- 長寿禅寺
- 西寺町
- P.88 居酒屋 大八車
- 旧唐津銀行 P.80
- 西唐津駅
- P.82 GALLERY 一番館
- P.90 菓子舗池田屋
- 鮨处 つく田 P.89
- 弓鷹町
- P.85 caffe Luna
- キャラバン P.87
- 栄町
- 松浦川
- 唐津線
- 平野町
- hanaはな家 P.84
- 材木町
- 西栄町
- 栄町児童公園
- パティスリールノワール P.91
- 紺屋町
- 玄海有処 uo風 P.89
- 栄町東
- 藤崎病院
- 唐津駅
- 豆腐料理かわしま P.86
- 大石町
- 東栄町
- トライアル
- スカイテラス
- アルピノ前
- 唐津大石町
- 近代図書館
- 唐津市ふるさと会館アルピノ
- 聖持寺
- 船宮町
- 西新興町 SOLA
- 唐津やきもん祭り P.78
- 天満宮
- 少林寺
- 船宮
- 児童公園
- 唐津窯元ツーリズム P.78
- 大島寺
- 法蓮寺
- 松浦橋
- 汐の先
- 町田大橋
- 養福寺
- 東雲寺
- 船宮町
- P.31 中里太郎右衛門陶房
- 八幡宮
- 太洋寺町
- 東町
- P.83 あや窯展示場 淡如庵
- 町田(5)
- 和多田駅
- 龍源寺
- 唐津第一リベール
- 旭ヶ丘入口
- 鬼塚駅
- 東町

P.97 波戸岬 🔘
P.96 名護屋城跡 🔘
P.96 唐津市名護屋城 ●
茶苑「海月」
P.95 呼子MAP
🔘 佐賀県立名護屋城博物館 P.97
🔘 堀秀治陣跡 P.97
P.29 土平窯 🔘
P.102上 唐津MAP
🔾 伊藤けえらん P.90
🔴 飴源 P.88
唐津駅
P.30 隆太窯 🔘
🔘 由起子窯 P.28
松浦一酒造 🔾
P.57
P.100 伊万里MAP
伊万里駅
P.48
龍泉荘 奥の院
木もれ陽 ●
P.98・99 有田MAP
有田駅
有田町
🔾 そうだ窯 P.33
P.27 武雄黒髪山MAP
P.101上 武雄MAP
🔾 大日窯 P.43
🔴 志田焼の里博物館 P.34
● カフェれすとらん こばん
P.49
🔘 奥武雄温泉 風の森 P.66
P.101下 嬉野MAP
🔾 副久製陶所 P.33
🔘 大正屋 椎葉山荘 P.72

佐賀全体MAP

上が北

0 ────── 5km
1:400,000

有田・唐津へのアクセス

まずは福岡空港か佐賀空港にアクセスして、そこから行きたいエリアを目指しましょう。
唐津方面へは福岡空港、それ以外のエリアは佐賀空港が便利です。

各地から現地へ　飛行機は福岡空港&佐賀空港へ、鉄道なら博多駅を目指しましょう。

飛行機の場合、佐賀空港は東京便のみ、福岡空港へは関東・関西からの便があり、航空会社も豊富に選べます。
鉄道の場合は、博多駅から武雄温泉・佐世保・ハウステンボス方面の特急利用が便利です(嬉野へは武雄温泉経由で路線バスに乗り換え、唐津へは筑肥線利用)。

各エリアから福岡空港・佐賀空港へ

どこから	なにで?	ルート	所要	ねだん
東京から	✈	羽田空港→JAL・ANA・SKY・SFJ→**福岡空港**	1時間50分~2時間	47780円 (JAL)
	✈	羽田空港→ANA→**佐賀空港**	1時間55分	47770円
大阪から	✈	伊丹空港→JAL・ANA・IBX→**福岡空港**	1時間15分	28830円(JAL)
	✈	関西空港→APJ→**福岡空港**	1時間15分	5220円~
名古屋から	✈	中部空港→ANA・SFJ・IBX・ORC→**福岡空港**	1時間25~35分	33350円(ANA)
	✈	小牧空港→FDA→**福岡空港**	1時間25分	31310円

福岡空港から各エリアへ

どこへ	なにで?	ルート	所要	ねだん
有田へ	🚌	福岡空港駅→福岡市営地下鉄空港線→**博多駅**→JR特急みどり・ハウステンボス→**有田駅**	1時間25~50分	3840円
伊万里へ	🚌	福岡空港駅→福岡市営地下鉄空港線→**博多駅**→JR特急みどり・ハウステンボス→**有田駅**→松浦鉄道→**伊万里駅**	2時間5~45分	4300円
	🚌	福岡空港国内線ターミナル北→昭和バス いまり号→**伊万里駅前**	2時間25~40分	2200円
武雄へ	🚌	福岡空港駅→福岡市営地下鉄空港線→**博多駅**→JR特急リレーかもめ・みどり・ハウステンボス→**武雄温泉駅**	1時間10~30分	3670円
	🚌	福岡空港国際線ターミナル→九州急行バス 九州号→**嬉野バスセンター**	1時間25分	2200円
嬉野へ	🚌🚄	福岡空港→福岡市営地下鉄空港線→**博多駅**→JR特急リレーかもめ→**武雄温泉駅**→西九州新幹線かもめ→**嬉野温泉駅**→JR九州バス→**嬉野温泉バスセンター**	1時間50分~2時間35分	5030円
	🚌🚄	福岡空港→福岡市営地下鉄空港線→**博多駅**→JR特急リレーかもめ・みどり・ハウステンボス→**武雄温泉駅**→JR九州バス→**嬉野温泉バスセンター**	2時間5~45分	4410円
唐津へ	🚌	福岡空港駅→福岡市営地下鉄空港線・JR筑肥線直通→**唐津駅**	1時間20~40分	1200円
	🚌	福岡空港国内線ターミナル北→昭和バス からつ号→**唐津バスセンター(大手口)**	1時間55分~2時間10分	1250円

佐賀空港から各エリアへ

どこへ	なにで?	ルート	所要	ねだん
有田へ	🚌🚌	佐賀空港→佐賀市営バス→**佐賀駅バスセンター(佐賀駅)**→JR特急みどり・ハウステンボス→**有田駅**	1時間25分~2時間10分	2740円
伊万里へ	🚌🚌	佐賀空港→佐賀市営バス→**佐賀駅バスセンター(佐賀駅)**→JR特急みどり・ハウステンボス→**有田駅**→松浦鉄道→**伊万里駅**	1時間55分~3時間10分	3200円
武雄へ	🚌🚌	佐賀空港→佐賀市営バス→**佐賀駅バスセンター(佐賀駅)**→JR特急リレーかもめみどり・ハウステンボス→**武雄温泉駅**	1時間5~30分	2450円
嬉野へ	🚌🚌🚄	佐賀空港→佐賀市営バス→**佐賀駅バスセンター(佐賀駅)**→JR特急リレーかもめ→**武雄温泉駅**→西九州新幹線かもめ→**嬉野温泉駅**→JR九州バス→**嬉野温泉バスセンター**	2時間30分~3時間	3870円
	🚌🚌	佐賀空港→佐賀市営バス→**佐賀駅バスセンター(佐賀駅)**→JR特急リレーかもめみどり・ハウステンボス→**武雄温泉駅**→JR九州バス→**嬉野温泉バスセンター**	1時間55分~2時間40分	3190円
唐津へ	🚌🚌	佐賀空港→佐賀市営バス→**佐賀駅バスセンター(佐賀駅)**→JR唐津線普通→**唐津駅**	2時間10~55分	1730円

マークの説明 ✈ 飛行機　🚄 新幹線　🚌 その他の鉄道　🚌 バス

リーズナブルなLCCの飛行機

関西空港からは、福岡空港へ格安航空会社の
APJ（ピーチ・アビエーション）が就航して
います。運賃は搭乗日により変動しますが、
最安値であれば片道5000円程度（旅客施設
使用料込み）で利用できます。

小牧空港
新大阪
名古屋
東京
成田空港
伊丹空港
広島
羽田空港
関西空港
中部空港
福岡空港
唐津
福岡（博多）
佐賀
伊万里
鳥栖
有田
嬉野温泉
武雄温泉
長崎
佐賀空港

**レンタカー＋飛行機を
セットでお得に利用しましょう**

レンタカーと飛行機をセットで利
用することで、時期によっては各航
空会社やレンタカー店でバーゲン
価格で利用できることも。かしこ
く活用してお得な旅計画を。

データは2024年2月現在のものです。鉄道の
ねだんは、通常期の普通車指定席利用の場合
（新幹線・特急を利用しない場合は普通運賃
のみ）。飛行機のねだんは旅客施設使用料を含
む通常期の運賃（JALはフレックス普通席タイ
プB運賃、ANAはFLEX D運賃、APJは搭乗
日により運賃が変動します）です。

嬉野温泉への路線バスは、武雄温泉駅からも嬉野温泉駅からも利用できます。

有田・武雄・唐津から各エリアへ

各エリア間の移動はJRや鉄道で向かうことがほとんど。
嬉野エリアには鉄道が通っていないので、
嬉野温泉バス停を起点に、路線バスを利用しましょう。

有田から各エリアへ

どこから	なにで?	ルート	所要	ねだん
伊万里へ	🚃	**有田駅**→松浦鉄道→**伊万里駅**	25分	460円
武雄へ	🚃	**有田駅**→JR特急みどり・ハウステンボス→**武雄温泉駅**	15~20分	1310円
武雄へ	🚃	**有田駅**→JR佐世保線普通→**武雄温泉駅**	15~25分	280円
嬉野へ	🚃🚌	**有田駅**→JR特急みどり・ハウステンボス→**武雄温泉駅**→JR九州バス→**嬉野温泉バスセンター**	1時間5分~45分	2050円
嬉野へ	🚃🚌	**有田駅**→JR佐世保線普通→**武雄温泉駅**→JR九州バス→**嬉野温泉バスセンター**	1時間10分~50分	1020円
唐津へ	🚃	**有田駅**→松浦鉄道→**伊万里駅**→JR筑肥線普通→**唐津駅**	1時間20分~55分	1120円

武雄から各エリアへ

どこから	なにで?	ルート	所要	ねだん
有田へ	🚃	**武雄温泉駅**→JR特急みどり・ハウステンボス→**有田駅**	15分	1310円
有田へ	🚃	**武雄温泉駅**→JR佐世保線普通→**有田駅**	15~25分	280円
伊万里へ	🚃	**武雄温泉駅**→JR特急みどり・ハウステンボス→**有田駅**→松浦鉄道→**伊万里駅**	45分~1時間15分	1770円
嬉野へ	🚌	**武雄温泉駅**→JR九州バス→**嬉野温泉バスセンター**	38~51分	740円
嬉野へ	🚄🚌	**武雄温泉駅**→西九州新幹線かもめ→**嬉野温泉駅**→JR九州バス→**嬉野温泉バスセンター**	25分~1時間	2250円
唐津へ	🚃	**武雄温泉駅**→JR特急みどり・ハウステンボス※注→**佐賀駅**→JR唐津線普通→**唐津駅**	1時間30分~2時間20分	2590円

※一部はJR佐世保線普通に乗り江北駅で長崎本線普通に乗り換え、さらに久保田駅でJR唐津線に乗り換えるほうがスムーズな場合があります(武雄温泉駅~久保田駅を直通する普通もあり)。

唐津から各エリアへ

どこから	なにで?	ルート	所要	ねだん
有田へ	🚃	**唐津駅**→JR筑肥線普通→**伊万里駅**→松浦鉄道→**有田駅**	1時間25分~2時間15分	1120円
伊万里へ	🚃	**唐津駅**→JR筑肥線普通→**伊万里駅**	50~55分	660円
武雄へ	🚃	**唐津駅**→JR唐津線普通→**佐賀駅**→JR特急みどり・ハウステンボス→**武雄温泉駅**	1時間30分~2時間20分	2590円
嬉野へ	🚃🚌	**唐津駅**→JR唐津線普通→**佐賀駅**→JR特急みどり・ハウステンボス→**武雄温泉駅**→JR九州バス→**嬉野温泉バスセンター**	2時間25分~3時間5分	3330円

マークの説明 🚄 新幹線　🚃 その他の鉄道　🚌 バス

佐賀空港リムジンタクシー

佐賀空港と佐賀県内を直行で結ぶ、乗合タクシー。佐賀空港から武雄・嬉野・有田までは片道約3000円。詳細は佐賀空港ホームページ（https://www.pref.saga.lg.jp/airport/）で確認を。

●2枚きっぷ(JR)

特定区間の乗車券＋自由席特急券（新幹線は利用不可）のきっぷを2枚セットにしたもの。1か月有効。自由席特急券が付かない普通列車用の2枚きっぷもある。

	区間	ねだん
自由席用	博多～佐賀	2500円
	博多～江北	3680円
普通列車用	博多・天神～唐津・西唐津	1880円
	福岡空港～唐津・西唐津	2000円

こんなきっぷがあります
レール＆レンタカーきっぷ

目的地まではJRで移動、到着後は駅レンタカーで観光地めぐりと、お得に旅が楽しめるきっぷ。同行者全員のJR運賃が2割引、特急料金（のぞみとみずほは除く）などが1割引。レンタカーの基本料金も割引になる。駅のみどりの窓口や旅行代理店で発売。※出発駅から駅レンタカーがある駅まで最短経路で101km以上、通算で201km以上JR線を利用する、JR線と駅レンタカーの利用行程が連続していることなど一定の条件を満たした場合に発売。

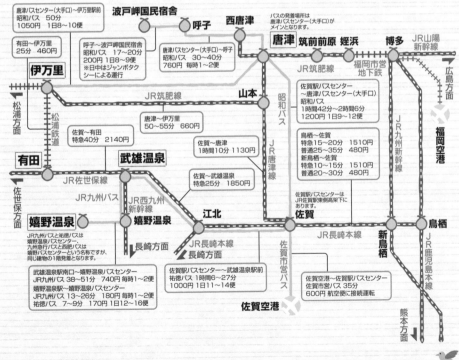

唐津バスセンター(大手口)～伊万里駅前
昭和バス　50分
1050円　1日8～10便

有田～伊万里
25分　460円

呼子～波戸岬国民宿舎
昭和バス　17～20分
200円 1日8～9便
※日中はジャンボタクシーによる運行

唐津バスセンター(大手口)～呼子
昭和バス　30～40分
760円　毎時1～2便

バスの発着場所は唐津バスセンター(大手口)がメインとなります。

佐賀駅バスセンター
～唐津バスセンター(大手口)
昭和バス
1時間42分～2時間6分
1200円 1日9～12便

唐津～伊万里
50～55分　660円

佐賀～唐津
1時間10分 1130円

佐賀～有田
特急40分 2140円

佐賀～武雄温泉
特急25分 1850円

鳥栖～佐賀
特急15～20分　1510円
普通25～35分　480円
新鳥栖～佐賀
特急10～15分　1510円
普通20～30分　480円

佐賀駅バスセンターは
JR佐賀駅東側高架下にあります。

JR九州バスと祐徳バスは嬉野温泉バスセンター、九州急行バスと西肥バスは嬉野バスセンターという名称ですが、同じ建物の1階発着となります。

武雄温泉駅南口～嬉野温泉駅前
JR九州バス 38～51分 740円 毎時1～2便
嬉野温泉駅～嬉野温泉バスセンター
JR九州バス 13～26分　180円 毎時1～2便
祐徳バス 7～9分 170円 1日12～16便

佐賀駅バスセンター～武雄温泉駅前
祐徳バス 1時間6～27分
1000円 1日11～14便

佐賀空港～佐賀駅バスセンター
佐賀市営バス 35分
600円 航空便に接続運転

波戸岬国民宿舎　呼子　西唐津　唐津　筑前前原　姪浜　博多
JR山陽新幹線　広島方面　福岡空港
JR筑肥線　福岡市営地下鉄
山本　昭和バス
JR筑肥線
伊万里　松浦方面　松浦鉄道　JR唐津線　JR九州新幹線
有田　武雄温泉　JR佐世保線　JR西九州新幹線　江北　佐賀　新鳥栖　鳥栖
佐世保方面　JR九州バス　嬉野温泉　長崎方面　長崎方面　JR長崎本線　JR長崎本線　JR鹿児島本線
嬉野温泉　佐賀市営バス　佐賀空港　熊本方面

鉄道やバスを乗り継ぐ場合、接続のよい時間帯を調べておけば効率よく移動できます。

index

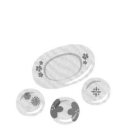

Ⓜ みどころ　Ⓡ レストラン　Ⓒ カフェ　Ⓢ ショップ　Ⓗ ホテル　Ⓦ 温泉

index

パチリ

ことりっぷ co-Trip

有田・唐津
伊万里・武雄・嬉野

STAFF
●編集
ことりっぷ編集部
クロス編集事務所
●取材・執筆
クロス編集事務所
コガユミコ
アイドマ編集室（外岡実）
●撮影
オフィステイク2
岩永太郎
岩堀和彦
クロス編集事務所
昭文社（保志俊平）
●表紙デザイン
GRiD
●フォーマットデザイン
GRiD
●キャラクターイラスト
スズキトモコ
●本文デザイン
GRiD
●DTP制作
明昌堂
●地図制作協力
田川企画
●校正
田川企画
●協力
関係各市町観光課・観光協会
関係諸施設

2024年5月1日　2版1刷発行

発行人　川村哲也
発行所　昭文社
本社:〒102-8238 東京都千代田区麹町3-1

📞0570-002060（ナビダイヤル）
IP電話などをご利用の場合は📞03-3556-8132
※平日9:00〜17:00（年末年始、弊社休業日を除く）

ホームページ:https://sp-mapple.jp/

●掲載データは、2024年1〜2月の時点のものです。変更される場合がありますので、ご利用の際は事前にご確認ください。消費税の見直しにより各種料金が変更される可能性があります。そのため施設により税別で料金を表示している場合があります。なお、感染症に対する各施設の対応・対策により、営業日や営業時間、開業予定日、公共交通機関に変更が生じる可能性があります。おでかけになる際は、あらかじめ各イベントや施設の公式ホームページ、また各自治体のホームページなどで最新の情報をご確認ください。また、本書で掲載された内容により生じたトラブルや損害等については、弊社では補償いたしかねますので、あらかじめご了承のうえ、ご利用ください。

●電話番号は、各施設の問合せ用番号のため、現地の番号ではない場合があります。カーナビ等での位置検索では、実際とは異なる場所を示す場合がありますので、ご注意ください。

●料金について、入場料などは、大人料金を基本にしています。

●開館時間・営業時間は、入館締切までの時刻、またはラストオーダーまでの時刻を基本にしています。

●休業日については、定休日のみを表示し、臨時休業、お盆や年末年始の休みは除いています。

●宿泊料金は、基本、オフシーズンの平日に客室を2名1室で利用した場合の1人あたりの料金から表示しています。ただし、ホテルによっては1部屋の室料を表示しているところもあります。

●交通は、主要手段と目安の所要時間を表示しています。ICカード利用時には運賃・料金が異なる場合があります。

●本書掲載の地図について
測量法に基づく国土地理院長承認（使用）
R 5JHs 15-156167　R 5JHs 16-156167
R 5JHs 17-156167　R 5JHs 18-156167